ZHONGJI CAIWU KUAIJI
ANLI YU SHIXUN JIAOCHENG

中级财务会计
案例与实训教程

主编　彭萍

西南财经大学出版社

总 序

　　人才培养质量是大学的生命线，人才培养模式改革是大学发展永恒的主题。作为一所地方性、应用型本科院校，人才培养有什么优势和特色，决定着学校的发展方向、前途和命运。自 2007 年 3 月起，德州学院组织全体教授认真学习研究了《教育部、财政部实施高等学校本科教学质量与教学改革工程的意见》和《教育部关于进一步深化本科教学改革，全面提高教学质量的若干意见》两个重要文件，先后出台了《德州学院关于深化教学改革，全面提高教学质量的意见》、《德州学院关于人才培养模式改革的实施意见》和《德州学院人才培养模式创新实验区建设与管理办法（试行）》三个执行文件。2009 年年初，德州学院决定集全校之力，开展经济管理类创新性应用型人才培养模式创新实验区建设工作。

　　经济管理类创新性应用型人才培养模式改革工作，旨在培养经济管理类创新性应用型人才，提高教育教学质量，更加重视提升学生的实践能力和培养学生的创新精神。自 2007 年以来，德州学院经济管理类创新性应用型人才培养模式改革创新从高等教育改革与发展的背景入手，发掘经济管理类创新性应用型人才培养目标的内涵，揭示当前人才培养模式存在的诸多问题，探索德州学院经济管理类创新性应用型人才培养的特色模式和实践途径。改革创新工作组对德州学院经管类人才培养目标从政治方向、知识结构、应用能力、综合素质、就业岗位、办学定位、办学特色七个方面进行了综合描述，从经管类人才培养的知识结构、能力结构和综合素质三个方面进行了规格设计，针对每一项规格制定了相应的课程、实验、实习实训、专业创新设计、科技文化竞赛等教学环节培养方案，构建形成了以能力为主干，创新为核心，知识、能力和素质和谐统一的理论教学体系、实践教学体系和创新创业教学体系。

　　人才培养内容与方法的改革是经济管理类创新性应用型人才培养模式改革工作的核心内容。人才培养模式改革创新工作组提出，要以经济管理类人才培养模式改革系列教材的编写与使用为突破口，利用 3~5 年时间初步实现课堂教学从知识传授向能力培养的转型。这标志着德州学院人才培养模式改革进入核心和攻坚阶段，既是良好的机遇，更面临巨大的挑战。

　　这套经济管理类创新性应用型人才培养模式改革系列教材的编写基于以下逻辑过程：山东省中长期教育改革和发展规划纲要（2010—2020 年）提出，重点建设 10~15

所应用型人才培养特色名校；2010 年德州学院提出了培养知识、能力、素质和创新精神四位一体的创新性应用型人才，全力打造应用型人才培养特色名校的目标；德州学院经济管理系率先完成了创新性应用型人才培养理论教学体系、实践教学体系和创新创业教学体系的框架构建，其中，理论课程内容的改革在理论教学体系改革中居于核心和统领地位。该人才培养内容与方法的改革把专业课程划分为核心课程、主干课程、特色课程和一般课程四类，采取不同的建设方案与建设措施。其中，核心课程建设按照每个专业遴选 3～5 门课程作为专业核心课程进行团队建设。例如，会计学专业确定了管理学、初级会计、中级财务会计、财务管理和审计学五门专业核心课程。每一门核心课程按照强化专业知识、培养实践能力和提高教学素质的要求，划分为经典课程教材选用、案例与实训教程设计和教师教学指导设计三个环节进行建设。

这套经济管理类创新性应用型人才培养模式改革系列教材是在全校教学工作人员共同努力下完成的，凝聚了德州学院全体教师的智慧和心血。

任运河

2011 年 3 月

前　言

　　作为一所地方性、应用型、教学型普通高等学校，德州学院把人才培养目标定位于创新性应用型人才的培养。作为德州学院主要学科之一，管理学学科与专业建设需要朝着创新性应用型人才培养方向进行改革。自 2007 年以来，我们一直在探索、寻找一套适应会计学专业创新性应用型人才培养模式的经管类系列教材，但始终不能如愿。中级财务会计作为会计学专业的核心课程之一，教学内容与教学方法改革成效的高低决定着是否对正了改革方向和是否遵循了教学规律。编写组在反复思考之后，决定编写一套适用于地方性、应用型、教学型普通高等学校，致力于培养会计学专业创新性应用型人才的经济管理类人才培养模式改革教材。

　　《中级财务会计》教学内容与方法的改革，在德州学院经济管理类人才培养模式改革中，居于探索和示范地位。《中级财务会计》课程的建设，是在德州学院人才培养模式改革创新工作组指导下，按照经济管理类创新性应用型人才培养模式创新实验区建设统一规划开展的一项人才培养内容与方法改革工作。编写组按照经济管理类创新性应用型人才培养模式改革教材编委会提出的掌握知识、锻炼能力和提高素质的总体要求，选用了刘永泽、陈立军教授主编的《中级财务会计》（东北财经大学出版社出版，第二版）作为教学教材，并以此为指导和主线，配套编写了《中级财务会计案例与实训教程》和《中级财务会计教学指导书》。

　　本书还是全国高等学校教学研究中心批准立项，分别由相子国教授和彭萍副教授主持的"十一五"国家课题"我国高校应用性人才培养模式研究"子课题——"地方高校会计学专业人才培养目标、规格与课程体系研究"（FIB070335 - A11 - 64）和"《财务会计》教学改革研究"（FIB070335 - A11 - 89）的阶段性成果。

　　本书整体结构如下：

　　第一部分，案例与作业思考题。案例旨在提出问题，激发学生的求知欲。这部分要求任课教师在每章内容讲授开始之前，进行案例布置；要求学生针对案例进行问题思考，小组讨论，开课时学生代表发言。作业与思考题要求学生课后完成，作为平时成绩进行考核。

　　第二部分，实训。这部分要求老师平均每六节课拿出两节课时间，组织学生进行课程实训，及时完成专业知识学习向实践能力锻炼的转化，把感性认识与实务操作有机结合起来。

本书由彭萍副教授负责全书写作框架的拟定和审核工作，并负责对全书总纂；相子国教授负责编写的组织工作。具体分工如下：第一章和第七章由相子国教授撰写；第五章、第六章、第八章、第九章、第十四章、第十五章由彭萍副教授撰写；第十一章、第十二章、第十三章由宫爱萍副教授撰写；第十章由张玉红副教授撰写；第二章、第三章、第四章由张燕讲师撰写。

　　由于水平有限，加之时间仓促，本书错误之处在所难免，我们欢迎广大读者和同行给与指导、批评和帮助。

　　创新性应用型人才培养模式改革是一个系统工程，涉及办学理念、办学定位、管理体制、师资队伍、教学条件等束缚。任何一个方面改革不到位或者不彻底，都会使改革流于形式而失败，改革倡导者要承担失败的责任。我们有开拓的勇气，有坚定的决心，有成功的信心！

编写组

2011 年 3 月 23 日

目 录

第一部分 案例与作业思考题

第二部分 实训

第一部分
案例与作业思考题

第一章　总论

一、教学案例

2009 年 12 月，德州学院经济管理系 2008 级会计本科 1 班的学生采访团，采访了系主任相子国教授。以下是采访团准备的几个问题，你是否也在关注这些问题？

1. 为什么本科叫会计学专业，而专科叫会计专业？

2. 会计有很多专业课程，知识体系零碎繁杂，如何才能理清学习的思路呢？

3. 会计学专业将来就业方向及就业发展形势如何？应采取何种心态面对？

4. 现在是一个"证书满天飞"的时代，那么对于会计学专业的学生来说，考取一些专业证书有没有实际意义？"注册会计师"真的像传说中那么难考吗？

5. 很多同学很困惑，究竟会计学到什么程度才算是入了门、掌握了其精华呢？

要求：你们还有哪些问题？学习委员负责，组织一个采访团，准备好问题，采访一次系主任或系副主任。

二、作业与思考题

（一）名词解释

1. 财务会计；2. 公允价值

（二）填空题

1. 财务会计的目标是向会计信息使用者提供会计信息。会计信息使用者包括：（1）＿＿＿＿＿＿；（2）＿＿＿＿＿＿；（3）＿＿＿＿＿＿；（4）＿＿＿＿＿＿；（5）＿＿＿＿＿＿等。

2. 会计计量属性有五种：（1）＿＿＿＿＿＿；（2）＿＿＿＿＿＿；（3）＿＿＿＿＿＿；（4）＿＿＿＿＿＿；（5）＿＿＿＿＿＿。

3. 会计确认的标准：（1）＿＿＿＿＿＿；（2）＿＿＿＿＿＿；（3）＿＿＿＿＿＿；（4）＿＿＿＿＿＿。

（三）选择题

企业应当以＿＿＿＿＿＿为基础进行会计确认、计量和报告。

A. 权责发生制　　B. 收付实现制　　C. 历史成本　　D. 货币

（四）案例分析

徐姐是一个几岁大孩子的妈妈，一个工作了六年的会计。为了使自己的业务能力不断的提高，她坚持自己的目标，从助理会计师到中级会计师，这样一步一步走来。在考中级会计师的时候，她已经有了自己的家庭和工作，然而她没有因为家庭和工作而放弃自己专业知识的学习。她每天早起晚睡，利用一切可以利用的时间努力学习。就在那年 12 月的一天，她打开电脑查看自己的中级考试成绩，她发现她通过了，她心里的石头终于放下了。天道酬勤，为了使自己能有更扎实的理论知识来胜任工业会计这一职位，她付出了超常的努力。

徐姐的细致在单位众所周知，销售部的同事感受最深。每当他们拿着一大堆报销凭证过来的时候，徐姐会对每张报销凭证一一核查。她凭着自己多年的会计经验，对一些有疑问的票据都会询问是如何发生的以及为什么发生这么多等。有些同事开玩笑说："徐会计看得真细致啊，一分钱都多报不了，更不用说其他的了。"正是因为她的细致，为公司把好了报销关，让同事们放心、老总们安心。细致也需要坚持。徐姐一直有颗细致的心，过去是这样的，现在是这样的，将来也是这样……

她的家住在汉阳城区，距离公司很远，每天上下班就要花上一两个小时。为了便于公司统一化管理，徐会计从没有提出格外要求，宁愿比别人起早一点，也要做到和大家一样按时上班。有时，因为加班，晚上六七点才下班，但是她从没有怨言，因为，她热爱这份工作，愿意为它付出一切。

根据以上案例，结合本章内容谈一谈，优秀会计人员的标准是什么。

第二章 货币资金

一、教学案例

【案例一】上海某研究所近年来采用了银行提供的新型服务——"代理转账"方式发放工资,由银行直接将工资款项划入职工的个人账户。其工资核算员黄某负责从工资中扣除社保基金及根据扣后金额从出纳处取得转账支票到银行办理工资支付。黄某就利用该所工资发放中款项的支付无需收款人签字的漏洞,篡改工资数据,采用虚设人员、多记工资的办法,将企业资产占为己有。在 2002 年后的两年时间里,黄某先后 30 余次利用该方法将 225 万余元的公款划入自己的腰包。

【案例二】1995—2003 年的 8 年间,国家自然科学基金委出纳卡中利用基金委掌管的科学研究专项资金拨款权,采用谎称支票作废、偷盖印鉴、削减拨款金额、伪造银行进账单、退汇重拨、编造银行对账单等手段贪污、挪用公款人民币 2 亿余元,给国家造成了重大损失。

【案例三】2005 年 1 月 15 日,某上市公司在中国银行某分行的 2.9337 亿元巨额存款失窃。调查人员在清查账户时发现,该分行行长高某从 2000 年年初便开始利用公司多头开户及该企业委托银行代理跑单(银行代理跑单是指由银行派员协助单位办理日常转账收付款业务,如提取和解缴现金、传送银行结算凭证等)之便对该企业存款动手脚。当企业资金存入银行时,高某就利用职务之便,一方面采用"背书转让"等形式将企业资金转移到自己可以支配的账户中,另一方面通过给该公司开具假存单、假对账单等方式掩盖其犯罪事实。现涉案人员已携款潜逃。

资料来源:

1. [案例一] 来自 2005 年 4 月 15 日《新民晚报》刊登的《"核算员"两年狂揽 225 万元》文章。

2. [案例二] 来自 2004 年 10 月 28 日《南方周末》上刊登的《小会计何以玩转 2 亿元》文章。

3. [案例三] 来自 2005 年 2 月 1 日《新民晚报》上刊登的《高山侵吞数亿资金始末》。

依据及相关法规:

1. 中华人民共和国财政部:《内部会计控制规范——货币资金(试行)》。

2. 中国人民银行:《人民币银行结算账户管理办法》。

案例思考题:

1. 上述 [案例一] 中实行的由银行代理转账发放工资,是单位普遍采取的方法,该种方法有何利弊?试结合 [案例一] 的情况,分析如何才能既充分利用银行的服务手段,又有效保证企业资金的安全?

2. 上述［案例二］中某基金委对货币资金控制有何明显缺陷？应采取什么措施才能有效防止类似事件的发生？

3. 对上述［案例三］，你认为该公司有何违规行为？委托银行代理跑单的服务是否可以采用？如果采用，应如何有效实施控制？

二、作业与思考题

（一）名词解释

1. 货币资金；2. 未达账项

（二）填空题

1. 现金作为货币资金的重要组成部分，具有如下特征，即 _____、_____、_____和_____。

2. 备用金的管理办法一般有两种：（1）_____，（2）_____。

3. 一个企业可以根据需要在银行开立四种账户，分别是_____、_____、_____、_____。

4. 其他货币资金包括_____、_____、_____、_____、_____、_____。

（三）选择题

1. 不包括在现金使用范围内的业务是（　　　）。
   A. 支付职工福利费　　　　　　B. 结算起点以下的零星支出
   C. 向个人收购农副产品　　　　D. 支付银行借款利息

2. 在企业的银行账户中，不能办理现金支取的账户是（　　　）。
   A. 基本存款账户　　　　　　　B. 临时存款账户
   C. 专用存款账户　　　　　　　D. 一般存款账户

3. 支票的提示付款期限为自出票日起（　　　）天。
   A. 10　　　　　B. 5　　　　　C. 3　　　　　D. 6

4. 银行存款日记账余额与银行转来的对账单余额不符，其原因可能为（　　　）。
   A. 应收的货款未办理托收手续　　B. 企业方面记账有错误
   C. 银行方面记账有错误　　　　　D. 企业没有收到收款通知
   E. 持票人未到银行办理转账

5. 现金溢缺的核算涉及的会计科目有（　　　）。
   A. 其他应收款　　　　　　　　B. 财务费用
   C. 营业外收入　　　　　　　　D. 营业外支出
   E. 待处理财产损溢

（四）业务题

1. 华联实业股份有限公司2007年6月8日发生如下现金支出业务：支付职工李强差旅费600元，购买办公用品现金支出200元，发放职工工资65 800元，现金送存银行1 200元。

要求：编制华联实业股份有限公司有关会计处理分录。

2. 华联实业股份有限公司行政管理部门职工李庆，于2007年7月9日因公出差预借备用金800元，实际支出960元，经审核应予以报销，财会部门另支付现金160元。

要求：编制华联实业股份有限公司有关会计处理分录。

3. 星海公司2009年6月30日银行存款日记账的余额为41 100元，同日转来的银行对账单的余额为46 500元，为了确定公司银行存款的实有数，需要编制银行存款余额调节表。经过对银行存款日记账和对账单的核对，公司发现部分未达账项以及一些记账方面的错误，情况如下：

（1）6月18日，公司委托银行收取的金额为3 000元的款项，银行已收妥入账，但公司尚未收到收款通知。

（2）6月22日，公司存入银行的3 300元的款项，出纳员误记为3 000元。

（3）6月26日，银行将本公司存入的一笔款项串户记账，金额为1 600元。

（4）6月29日，公司开出转账支票一张，持票人尚未到银行办理转账手续，金额为7 200元。

（5）6月30日，公司存入银行支票一张，金额为1 500元，银行已承办，企业已凭回单记账，对账单并没有记录。

（6）6月30日，银行收取借款利息2 000元，企业尚未收到支息通知。

要求：根据上述资料编制银行存款余额调节表。

4. 诚信公司于10月5日，因临时材料采购的需要，将款项50 000元汇往交通银行上海分行，并开立采购专户，材料采购员李民同日前往上海。10月20日，材料采购员李民完成材料采购任务回到木市，当日将采购材料的有关凭证交到会计部门。本次采购的材料价款为40 000元，应交增值税为6 800元。10月22日，企业接到银行的收款通知，交通银行上海分行采购专户的余款已转回结算户。

要求：编制诚信公司有关会计处理分录。

（五）案例分析题

新兴商贸公司是一家中小型商业企业，主要经营建筑材料和装饰材料。企业有员工50人，每天的营业额在10万元左右。公司设财务人员3名，其中一名负责出纳工作，并监管同供应商之间的往来账项的记录及对账工作。由于企业客户大多为个人，企业现金销售较多，因此对供应商的支付也经常采用现金。2006年年底及2007年年底企业资产负债表及有关账簿相关数据如表2-1所示。

表 2-1　　　　　　　　　企业资产负债表及有关账簿相关数据　　　　　　　　单位：元

报告期	2007 年 12 月 31 日	2006 年 12 月 31 日
货币资金	4 809 865	4 463 098
其中：库存现金	179 337	185 653
银行存款	469 097	4 276 223
其他货币资金	1 431	1 222
资产总计	10 226 931	9 388 915

问题：

1. 企业在货币资金的控制方面是否存在问题？
2. 其他货币资金是指哪类项目？
3. 你对企业货币资金的管理有何建议？

第三章　存货

一、教学案例

三友公司是一家生产销售台式电脑的企业。2006 年 11 月三友公司与力凡公司签订 200 台某型号电脑的销售合同，合同约定 2007 年 1 月 25 日三友公司以每台 5 300 元的价格向力凡公司供货，三友公司承担 3 000 元的销售费用。2006 年 12 月 31 日，三友公司该型号电脑库存为 240 台，成本为每台 4 900 元。由于市场竞争激烈，该型号的电脑在 2006 年 12 月的市场售价降为 5 000 元。

林晓梅是三友公司的会计，在期末确认存货计量价值时采用了"成本与可变现净值孰低法"，计算出该存货的可变现净值为 5 000 × 240 = 1 200 000（元）。

问题思考：

1. 请分析判断林晓梅的做法是否正确，并说明理由。

2. 如何确认存货的可变现净值？

二、作业与思考题

（一）名词解释

1. 存货；2. 周转材料；3. 可变现净值；4. 材料成本差异；5. 存货跌价准备

（二）填空题

1. 存货按经济用途可分为：_____、_____、_____、_____ 和 _____。

2. 存货的确认条件：（1）_____；（2）_____。

3. 存货的实际成本包括：_____、_____、_____。

4. 发出存货的计价方法有：_____、_____、_____、_____。

5. 常用的周转材料摊销的方法有：_____、_____、_____。

6. 存货估价法包括：_____、_____。

（三）选择题

1. 企业外购存货发生的下列支出中，通常不计入采购成本的是（　　）。

　　A. 运输途中的保险费　　　　　B. 运输途中的合理损耗

　　C. 入库前的挑选整理费用　　　D. 市内零星货物运杂费

2. 根据我国企业会计准则的规定，企业购货时取得的现金折扣，应当（　　）。

    A. 冲减购货成本   B. 冲减管理费用

    C. 冲减财务费用   D. 冲减资产减值损失

3. 企业以一台设备换入一批原材料，并支付部分补价，该补价应计入（   ）。

    A. 原材料成本   B. 管理费用   C. 财务费用   D. 营业外支出

4. 存货计价采用先进先出法，在存货价格上涨的情况下，将会使企业（   ）。

    A. 期末存货成本升高、当期利润减少

    B. 期末存货成本升高、当期利润增加

    C. 期末存货成本降低、当期利润减少

    D. 期末存货成本降低、当期利润增加

5. 企业本月月初库存原材料计划成本为 75 000 元，材料成本差异为贷方余额 1 500 元，本月购进原材料计划成本为 450 000 元，实际成本为 441 000 元。该企业本月材料成本差异率为（   ）。

    A. 超支 2%   B. 节约 2%   C. 超支 1.4%   D. 节约 1.4%

6. 根据企业会计准则的要求，存货在资产负债表中列示的价值应当是（   ）。

    A. 账面成本   B. 公允价值

    C. 可变现净值   D. 成本与可变现净值较低者

7. 计划成本下，"材料成本差异"科目的贷方登记的内容有（   ）。

    A. 入库材料的成本超支差   B. 入库材料的成本节约差

    C. 出库材料的成本超支差   D. 出库材料的成本节约差

    E. 入库材料的计划成本

8. 企业发生的下列库存存货盘亏或毁损中，应将净损失计入管理费用的有（   ）。

    A. 定额内自然损耗   B. 收发计量差错造成的盘亏

    C. 管理不善造成的毁损   D. 自然灾害造成的毁损

    E. 意外事故造成的毁损

（四）业务题

1. 华联实业股份有限公司购入一批原材料，增值税专用发票上注明的材料价款为 200 000 元，增值税进项税额为 34 000 元；同时，销货方代垫运杂费 3 200 元，其中运费 2 000 元，上列货款及销货方代垫的运杂费已通过银行转账支付，材料尚在运输途中。

要求：编制华联公司有关会计处理分录。

2. 华联实业股份有限公司 7 月 1 日从乙公司赊购一批原材料，增值税专用发票上注明的原材料价款为 80 000 元，增值税进项税额为 13 600 元。根据购货合同约定，华联公司应于 7 月 31 日之前支付货款，并附有现金折扣条件：如果华联公司能在 10 日内付款，可按原材料价款（不含增值税）的 2% 享受现金折扣；如果超过 10 日付款，则须按交易金额全付。

要求：编制华联公司采用净价法的有关会计处理分录。

3．华联实业股份有限公司从甲公司购入原材料 2 000 件，单位价格为 30 元，增值税专用发票上注明的增值税进项税额为 10 200 元，款项已通过银行转账支付，但材料尚在运输途中。待所购材料运达企业后，验收时发现短缺 100 件。经查，华联公司确认短缺的存货中有 50 件为供货方发货时少付，经与甲公司协商，由其补足少付的材料；有 40 件为运输单位责任造成的短缺，经与运输单位协商，由其全额赔偿；其余 10 件属于运输途中的合理损耗。

要求：编制华联实业股份有限公司有关会计处理分录。

4．华联实业股份有限公司接受一批捐赠商品，捐赠方提供的发票上标明的价值为 250 000 元，华联公司支付运杂费 1 000 元。

要求：编制华联实业股份有限公司有关会计处理分录。

5. 2009 年 4 月份，星海公司的甲材料购进、发出和结存情况如表 3 - 1 所示。

表 3 - 1 原材料明细账

原材料名称及规格：甲材料 单位：元 / 千克

××年		凭证编号	摘要	收入			发出			结存		
月	日			数量	单价	金额	数量	单价	金额	数量	单价	金额
4	1		期初结存							1 000	50	50 000
	5		购进	1 200	55	66 000				2 200		
	8		发出				1 500			700		
	15		购进	1 600	54	86 400				2 300		
	18		发出				1 000			1 300		
	25		购进	800	56	44 800				2 100		
	28		发出				1 200			900		
4	30		本月合计	3 600		197 200	3 700			900		

要求：分别采用先进先出法、全月一次加权平均法和移动加权平均法计算星海公司甲材料本月发出和期末结存的实际成本。

6 4 月初，星海公司结存原材料的计划成本为 50 000 元，材料成本差异为节约的 3 000 元。4 月份，购进原材料的实际成本 247 000 元，计划成本 230 000 元，本月领用原材料的计划成本 250 000 元。其中，生产领用 235 000 元，车间一般耗用 12 000 元，管理部门耗用 3 000 元。

要求：做出星海公司发出原材料的下列会计处理：

（1）按计划成本领用原材料。

（2）计算本月材料成本差异率。

（3）分摊材料成本差异。

（4）计算月末结存原材料的实际成本。

7．星海公司在存货清查中发现盘亏一批 B 材料，账面成本为 3 000 元，假定不考虑增值税。

要求：编制星海公司存货盘亏的会计分录。

（1）发现盘亏。

（2）查明原因，报经批准处理。

①假定属于定额内自然损耗。

②假定属于管理不善造成的毁损，由过失人赔偿 1 000 元，款项尚未收取，残料处置收入 200 元，已存入银行。

③假定属于意外事故造成的毁损，由保险公司赔偿 2 000 元，由过失人赔偿 500 元，款项尚未收取，残料作价 200 元入库。

（五）案例分析题

小李大学毕业后来到同创建筑公司任会计，他对建筑用周转材料的会计处理不是很有把握，常在固定资产、长期待摊费用和低值易耗品之间拿捏不定。小李在同创公司当月，公司购入了一批安全网以及新式碗扣式脚手架。安全网价格为 5 元／平方米，公司购入 1 800 平方米，用于即将开工的一幢写字楼的建造，该写字楼工期为 15 个月；碗扣式脚手架价格为 6 000 元／吨，公司购入 300 吨，新式脚手架购入后，将代替公司正在使用的旧式扣件式钢管脚手架。

数月后，钢铁价格大幅上涨，同创公司账面价值为 90 万元的旧式脚手架的公允价值升至 100 万元，同创公司欲将其用于对外长期投资。安建租赁公司和新筑公司均有意向以 20% 的股权作为交换接受投资。若接受投资，安建租赁公司和新筑公司的净资产公允价值分别为 480 万元和 600 万元。

问题：

1. 同创公司购入安全网和新式脚手架时，小李应当如何将其入账？

2. 同创公司若将旧式脚手架投往新筑公司，小李应如何进行会计处理？若投往安建租赁公司呢？

第四章 金融资产

一、教学案例

甲公司为上市公司，2009 年度发生的交易和事项及会计处理如下：

资料一：2 月 28 日，甲公司因急需流动资金，经与中国银行协商，决定以应收乙公司的货款 200 万元为质押，取得 5 个月的流动资金借款 180 万元，合同年利率是 6%，每月月末偿付利息，到期一次还本。甲公司会计处理是：2 月 20 日，终止确认了应收乙公司的货款 200 万元，收到价款 180 万元与应收账款账面价值 200 万元的差额计入当期损益。

资料二：3 月 15 日，甲公司向丁公司定向发行了一批公司债券，期限是三年，面值总额是 2 000 万元，已存入开户银行。甲公司和丁公司约定，该批公司债券的年收益率等于甲公司所持有的 A 公司 12% 普通股股票的现金股利；丁公司对甲公司持有的 12% 普通股股票没有追索权。

资料三：4 月 10 日，甲公司向丙公司定向发行一批公司债券，期限是三年，面值总额是 4 000 万元，已存入开户银行。甲公司和丙公司约定，该批公司债券的年收益等于甲公司持有的 B 公司 20% 普通股股票的现金股利；丙公司仅对甲公司持有 B 公司 20% 普通股股票享有收益权，对甲公司本身没有追索权；甲公司有义务将收取 B 公司 20% 普通股股票的现金股利，转付给丙公司，如果未获丙公司同意，甲公司不能对外出售所持有的 20% 普通股股票。

资料四：5 月 1 日，甲公司和中国银行约定，甲公司持有的一批权益工具投资和债务工具投资组合，产生现金流量的 30%，应该作为自中国银行取得的长期借款利息和本金转付给中国银行；中国银行对甲公司贷款不能向甲公司进行追偿，只能够由该批权益工具投资和债务工具投资组合所产生的现金流量予以偿付；甲公司收到该批权益工具投资和债务工具投资产生的现金流量时应当立即按照 30% 的份额转付给中国银行。当日，甲公司自中国银行取得一笔 2 000 万元的长期借款，款项已存入开户银行。

要求：

1. 根据资料一，分析判断甲公司的处理是否正确，并简要说明理由。

2. 根据资料二，分析判断甲公司持有 A 公司 12% 普通股股票是否应当终止确认，并且简要说明理由。

3. 根据资料三，分析判断甲公司持有 B 公司 20% 普通股股票是否应当终止确认，并且简要说明理由。

4. 根据资料四，分析判断甲公司持有的权益工具和债务工具投资的组合，是否应当终止确认并简要说明理由。

二、作业与思考题

（一）名词解释

1. 金融资产；2. 交易性金融资产；3. 持有至到期投资；4. 可供出售金融资产；5. 摊余成本；6. 金融资产减值

（二）填空题

1. 金融资产在初始确认时分 _____、_____、_____、_____ 四类。

2. 持有至到期投资应当按取得时的 _____ 与 _____ 之和作为初始确认金额。

3. 根据我国企业会计制度的规定，在存在现金折扣的情况下，企业应收账款的入账价值，应按 _____ 法确定。

4. 商业汇票按承兑人不同，分为：_____、_____。

5. 交易性金融资产按照类别和品种不同，分为 _____、_____ 两个明细科目进行核算。

（三）选择题

1. 关于金融资产，下列说法中正确的是（　　　）。
   A. 衍生工具不能划分为交易性金融资产
   B. 长期股权投资属于金融资产
   C. 货币资金不属于金融资产
   D. 企业的应收账款和应收票据不属于金融资产

2. 交易性金融资产与可供出售金融资产最根本的区别是（　　　）。
   A. 持有时间不同　　　　　　　　B. 投资对象不同
   C. 投资目的不同　　　　　　　　D. 投资性质不同

3. 企业在持有交易性金融资产期间获得的现金股利收益，应计入（　　　）。
   A. 投资收益　　　　　　　　　　B. 冲减初始确认金额
   C. 资本公积　　　　　　　　　　D. 冲减财务费用

4. 企业购入债券作为持有至到期投资，该债券的初始确认金额应为（　　　）。
   A. 债券面值　　　　　　　　　　B. 债券面值加相关交易费用
   C. 债券公允价值　　　　　　　　D. 债券公允价值加相关交易费用

5. 资产负债表日，持有至到期投资的价值通常是指（　　　）。
   A. 债券的入账成本　　　　　　　B. 债券的公允价值
   C. 债券的摊余成本　　　　　　　D. 债券的票面价值

6. 企业以每股 3.60 元的价格购入 G 公司股票 20 000 股作为可供出售金融资产，并支付交易税费 300 元，股票的买价中包括了每股 0.20 元已宣告但尚未派发的现金股利。该股票的初始确认金额为（　　　）元。

    A. 68 000　　　　B. 68 300　　　　C. 72 000　　　　D. 72 300

7. 企业计提的金融资产减值准备中，不能通过损益转回的是（　　　）。

    A. 坏账准备　　　　　　　　　B. 持有至到期投资减值准备

    C. 可供出售债务工具减值准备　　D. 可供出售权益工具减值准备

8. 对可供出售金融资产计提减值准备时，已计入资本公积的公允价值变动累计损失，应当转入（　　　）。

    A. 投资收益　　　　　　　　　B. 公允价值变动损溢

    C. 资产减值损失　　　　　　　D. 营业外支出

（四）业务题

1. 华联实业股份有限公司于 2007 年 4 月 10 日，按每股 6.50 元的价格购入 A 公司每股面值 1 元的股票 50 000 股作为交易性金融资产，并支付交易费用 1 200 元。

要求：编制华联公司有关会计处理分录。

2. 2005 年 1 月 1 日，华联实业股份有限公司从活跃市场上购入甲公司当日发行的面值为 600 000 元、期限为 4 年、利率为 5%、每年 12 月 31 日付息、到期还本的债券作为持有至到期投资，实际支付的购买价款（包括交易费用）为 600 000 元。

要求：编制华联公司有关会计处理分录。

3. 星海公司于每年年末对交易性金融资产按公允价值计量。2008 年 12 月 31 日，该公司作为交易性金融资产持有的 C 公司股票账面余额为 680 000 元。

要求：编制下列不同情况下星海公司对交易性金融资产按公允价值计量的会计分录。

（1）假定 C 公司股票期末公允价值为 520 000 元。

（2）假定 C 公司股票期末公允价值为 750 000 元。

4. 2008 年 1 月 5 日，星海公司购入 A 公司债券作为持有至到期投资，实际支付的全部价款为 55 000 元（包括 2007 年度已到付息期但尚未支付的债券利息和相关税费）。A 公司债券于 2007 年 1 月 1 日发行，面值为 50 000 元，期限为 5 年，票面利率为 6%，每年 12 月 31 日付息一次，到期还本。

要求：编制星海公司取得持有至到期投资的会计分录。

5. 2005 年 1 月 1 日，星海公司购入信达公司当日发行的面值为 500 000 元、期限为 5 年、票面利率为 8%、到期一次还本付息（利息不计复利）的债券作为持有至到期投资，实际支付的购买价款（包括交易费用）为 397 200 元。

要求：做出星海公司有关该债券投资的下列会计处理。

（1）编制购入债券的会计分录。

（2）计算债券的实际利率（5 期、12% 的复利现值系数为 0.567 427）。

（3）采用实际利率法编制利息收入与摊余成本计算表。

（4）编制各年确认利息收入和摊销利息调整的会计分录。

（5）编制债券到期收回债券本息的会计分录。

6. 2008 年 2 月 1 日，星海公司将持有的一张 2007 年 12 月 1 日开出、面值为 50 000 元、期限为 6 个月的商业汇票背书转让，取得一批价值为 45 000 元、增值税税额为 7 650 元的原材料，并以银行存款向供货单位补付差价 2 650 元。

要求：编制票据转让的会计分录。

7. 2008 年 9 月 10 日，星海公司将持有的 8 月 10 日开出、票面金额为 60 000 元、期限为 5 个月的商业汇票向银行申请贴现，收到贴现金额 58 800 元。星海公司与银行签订的协议规定，贴现票据到期时如果债务人未能如期付款，星海公司负有连带还款责任。

要求：编制有关票据贴现的会计分录。

（1）贴现商业汇票。

（2）贴现票据到期。

①假定债务人如期付款。

②假定债务人未能如期付款，星海公司代债务人付款。

③假定债务人和星海公司均无力付款，银行作为逾期贷款处理。

（五）案例分析题

为提高闲置资金的使用率，甲公司 2008 年进行了以下投资：

1. 1 月 1 日，甲公司购入乙公司于当日发行且可上市交易的债券 100 万张，支付价款为 9 500 万元，另支付手续费 90.12 万元。该债券期限为 5 年，每张面值为 100 元，票面年利率为 6%，于每年 12 月 31 日收到当年度利息。甲公司有充裕的现金，管理层拟持有该债券至到期。

12 月 31 日，甲公司收到 2008 年度利息 600 万元。根据乙公司公开披露的信息，甲公司估计所持有乙公司债券的本金能够收回，未来年度每年能够自乙公司取得利息收入 400 万元。当日市场年利率为 5%。

2. 4 月 10 日，甲公司购买丙公司首次发行的股票 100 万股，共支付价款 800 万元。甲公司取得丙公司股票后，对丙公司不具有控制、共同控制或重大影响，丙公司股票的限售期为 1 年，甲公司取得丙公司股票时没有将其直接指定为以公允价值计量且变动计入当期损益的金融资产，也没有随时出售丙公司股票的计划。12 月 31 日，丙公司股票公允价值为每股 12 元。

3. 5 月 15 日，甲公司从二级市场购入丁公司股票 200 万股，共支付价款 920 万元。取得丁公司股票时，丁公司已宣告发放现金股利，每 10 股派发现金股利 0.6 元。甲公司取得丁公司股票后，对丁公司不具有控制、共同控制或重大影响。甲公司管理层拟随时出售丁公司股票。

12 月 31 日，丁公司股票公允价值为每股 4.2 元。

相关年金现值系数如下：

（P/A,5%,5）= 4.3295　（P/A,6%,5）= 4.2124　（P/A,7%,5）= 4.1002

（P/A,5%,4）= 3.5460　（P/A,6%,4）= 3.4651　（P/A,7%,4）= 3.3875

相关复利现值系数如下：

（P/S,5%,5）＝0.7835　　（P/S,6%,5）＝0.7473　　（P/S,7%,5）＝0.7130

（P/S,5%,4）＝0.8227　　（P/S,6%,4）＝0.7921　　（P/S,7%,4）＝0.7629

根据上述资料，回答如下问题：

（1）下列有关甲公司持有乙公司债券的论断中，正确的是（　　　）。

　　A. 甲公司应将持有的乙公司债券定性为交易性金融资产，初始入账成本为
　　　　9 500 万元

　　B. 甲公司应将持有的乙公司债券定性为可供出售金融资产，初始入账成本为
　　　　9 590.12 万元

　　C. 甲公司应将持有的乙公司债券定性为持有至到期投资，初始入账成本为
　　　　9 590.12 万元

　　D. 甲公司应将持有的乙公司债券定性为持有至到期投资，初始入账成本为
　　　　9 500 万元

（2）甲公司 2008 年度因持有乙公司债券应确认的收益为（　　　）万元。

　　A. 600　　　　　B. 541.41　　　　　C. 671.31　　　　　D. 657.71

（3）下列有关甲公司持有乙公司债券在 2008 年 12 月 31 日的会计处理中正确的是
（　　　）。

　　A. 甲公司无须计提减值准备

　　B. 甲公司须计提 677.55 万元的减值准备

　　C. 甲公司须计提 345 万元的减值准备

　　D. 甲公司须计提 760.43 万元的减值准备

（4）下列有关甲公司取得丙公司股票的会计处理中，错误的是（　　　）。

　　A. 甲公司应将取得的丙公司的股票划分为可供出售金融资产，初始取得成本
　　　　为 800 万元

　　B. 甲公司应将取得的丙公司的股票划分为交易性金融资产

　　C. 甲公司应将取得的丙公司的股票划分为长期股权投资

　　D. 甲公司应将取得的丙公司股票划分为可供出售金融资产，并在期末确认因
　　　　公允价值变动而贷记的资本公积 400 万元

（5）下列有关甲公司取得丁公司股票的会计处理中，正确的是（　　　）。

　　A. 甲公司应将持有的丁公司股票定性为交易性金融资产，初始成本为 920 万元

　　B. 甲公司应将持有的丁公司股票定性为交易性金融资产，初始成本为 908 万元

　　C. 甲公司期末应确认公允价值变动损失 68 万元

　　D. 甲公司应将持有的丁公司股票定性为可供出售金融资产，并在期末确认因
　　　　公允价值减少而借记"资本公积"68 万元

第五章 长期股权投资

一、教学案例

【案例一】

2008年2月1日，中国铝业宣布该公司通过新加坡全资子公司，联合美国铝业公司，获得了力拓英国上市公司（Rio Tinto Plc）12%的现有股份，从而获得力拓集团9%的股份，交易总对价约140.5亿美元。其中，中铝因出资占此次收购的90%，成为力拓单一最大股东。

当时中国铝业的这笔交易被市场广泛解读为阻止"两拓"合并，而这笔投资也是迄当时为止中国企业最大的一笔海外投资。

然而随着次贷危机的逐步深化，中国铝业的投资在不断缩水，但公司董事长肖亚庆多次表示，对于力拓的这笔投资仍抱有信心。

11月25日，必和必拓宣布放弃收购力拓的计划，导致力拓当日股价大跌37%，以每股15.5英镑收盘。相比10个月前中国铝业收购力拓股权所出的60英镑的价格，下跌幅度超出74%。

而在这个时期，正好英镑的汇率发生大幅下跌，导致中国铝业的投资除市值缩水外，还承受了很大的汇率损失压力。中国铝业收购力拓9%股权的1月31日当天，英镑兑换人民币的汇率是14.3；而12月23日，英镑兑换人民币的汇率已大幅下滑至10.14。

按照汇率计算，中国铝业1月31日购买力拓9%股权花费的128.5亿美元，按照当天的英镑兑美元汇率1.99和美元兑人民币的汇率7.18计算，中国铝业的这笔投资额相当于922.6亿元人民币。而按照12月23日收盘的股价以及汇率计算，中国铝业的这笔投资现在的价值大约为152.6亿元人民币。

二者相减，中国铝业差不多损失了770亿元人民币，而这也代表着中国的这笔最大的海外投资成了近年来中国海外投资战略中损失最惨重的一笔投资。拥有约550亿美元资产的中国铝业，其2007年的利润也不过100亿元左右。

力拓亚洲及中国区总裁路久成曾对媒体表示，收购力拓这样的公司比单纯的资本投资风险要小得多，力拓是一家资源类公司且经营良好，中国铝业分享的将不仅仅是投资收益，而且为其后期资本运作打下良好的基础。在全球资源紧缺的情况下，中国铝业收购力拓股份成为最大单一股东也加大了中国企业在世界资源争夺中的话语权。

但市场总是用数字说话的。

从2008年年中开始，愈演愈烈的金融危机似乎让中国铝业的投资产生了账面亏损。"谁也没能预料到这场金融海啸，中国铝业也没幸免。"有业内人士说。

"中国铝业在收购力拓股份的时候，价格确实是高了，但那个时候公司有实力完成这项投资。"了解有色行业收购兼并业务的一位人士称。此后人民币升值和澳元贬值的这轮风潮，也让中国铝业的损失雪上加霜。

不过，业内人士仍然表示，对于战略性海外并购、投资，特别是资源类投资，国家还是鼓励的。而当下，正是中国企业千载难逢的机会。

问题思考：

试分析中国铝业该项长期股权投资与企业的资源优化整合、发展方向等战略意图的关系？为什么对长期股权投资需要长期与短期、战略与策略相结合？

【案例一】

中强公司是达安公司的一个大股东，拥有达安公司有表决权资本的17%。张野是中强公司的总经理，同时又兼任达安公司的董事会成员。因此，可以说张野能够影响甚至左右达安公司的经营决策及其他决策。

由于中强公司对达安公司的持股比例不到20%，因此，其对达安公司长期股权投资的会计核算采用成本法记账。即：收到达安公司分配利润时，中强公司的投资收益增加，而中强公司则以净利润的一个固定百分比作为张野的奖金。可见，张野能够通过影响达安公司的利润分配决策来控制他个人的奖金。

2008年，政府对过热的经济进行了适度的宏观调控，市场显得有些疲软，达安公司当年销售也因此大幅度下降，实现的利润很低。然而，张野却利用自己在达安公司董事会的职权，影响了该公司的股利政策，从而使达安公司在盈利不高的情况下分配了较多的利润，此举导致达安公司产生沉重的债务负担，并可能出现财务困难。

问题思考：

1. 中强公司对达安公司是否具有重大影响关系？

2. 根据中强公司投资业务特点及企业会计准则，应该采用何种长期股权投资核算方法？

［资料来源］张其秀. 会计学案例. 上海：上海财经大学出版社，2009.

二、作业与思考题

（一）名词解释

1. 长期股权投资；2. 同一控制下的企业合并；3. 非同一控制下的企业合并；4. 成本法；5. 权益法

（二）填空题

1. 企业持有的_____、_____、_____和_____，在初始计量时应当划分为长期股权投资。

2. 投资企业能够对被投资单位_____的长期股权投资，以及投资企业对被投资单位不具有_____或_____并且_____、_____的长期股权投资，应当采用成本法核算。

3. 投资企业对被投资单位＿＿＿＿＿＿＿＿或＿＿＿＿＿＿＿＿的长期股权投资，应当采用权益法核算。

（三）选择题

1. 非同一控制下企业合并形成的长期股权投资，初始投资成本小于投资时应享有被投资单位可辨认净资产公允价值份额的差额，应当（　　　）。

    A. 计入营业外收入   B. 计入投资收益

    C. 计入公允价值变动损益   D. 不做会计处理

2. 关于企业合并发生的审计费用、评估费用等各项直接相关费用，下列说法中正确的有（　　　）。

    A. 非同一控制下的企业合并应计入投资成本

    B. 非同一控制下的企业合并应计入合并成本

    C. 非同一控制下的企业合并应计入管理费用

    D. 同一控制下的企业合并应计入投资成本

    E. 同一控制下的企业合并应计入管理费用

3. 长期股权投资采用成本法核算，下列情况中有可能导致调整股权投资账面价值的有（　　　）。

    A. 被投资企业派发现金股利   B. 被投资企业派发股票股利

    C. 被投资企业取得利润   D. 被投资企业发生亏损

    E. 投资发生减值

4. 20×7 年 1 月 5 日，A 公司取得乙公司股票作为长期股权投资，投资成本为 50 000 元，采用成本法核算。20×7 年 3 月 25 日，乙公司宣告分派现金股利，A 公司应享有 2 000 元。20×7 年 12 月 31 日，A 公司为乙公司股票计提减值准备 6 000 元。计提减值准备后，乙公司股票的账面价值为（　　　）元。

    A. 42 000   B. 44 000   C. 48 000   D. 50 000

5. 长期股权投资采用权益法核算时，应当调整股权投资账面价值的情况有（　　　）。

    A. 被投资单位获得利润   B. 被投资单位发生亏损

    C. 被投资单位分派现金股利   D. 被投资单位分派股票股利

    E. 被投资单位发生除净损益以外的其他权益变动

6. 企业处置采用权益法核算的长期股权投资，会影响处置当期投资收益的因素有（　　　）。

    A. 股票的交易价格   B. 股票的交易税费

    C. 股票的交易成本   D. 已计入应收项目但尚未收回的现金股利

    E. 原计入资本公积的相关金额

7. 20×8 年 7 月 1 日，A 公司购入 D 公司股票 2 000 万股，实际支付价款 3 000 万元（包括交易税费 10 万元）。该股份占 D 公司普通股股份的 30%，能够对 D 公司施加重大影响。A 公司采用权益法核算。购买当日，D 公司可辨认净资产公允价值为 8 000

万元。A 公司确定的长期股权投资成本为（　　　　）万元。

    A. 2 390　　　　　B. 2 400　　　　　C. 2 990　　　　　D. 3 000

8. 甲公司因收回部分投资而将股权投资的核算由权益法改为成本法。改为成本法前，剩余长期股权投资各明细账户的金额如下："成本"为借方余额 200 万元，"损益调整"为贷方余额 50 万元，"其他权益变动"为借方余额 20 万元。改为成本法核算时的投资成本为（　　　　）万元。

    A. 150　　　　　　B. 170　　　　　　C. 200　　　　　　D. 230

（四）业务题

1. 华联实业股份有限公司和 B 公司同为甲公司所控制的两个子公司。根据华联公司和 B 公司达成的合并协议，20×8 年 4 月 1 日，华联公司以增发的权益性证券作为合并对价，取得 B 公司 90% 的股权。华联公司增发的权益性证券为每股面值 1 元的普通股股票，共增发 2 500 万股，支付手续费及佣金等发行费用 80 万元。20×8 年 4 月 1 日，华联公司实际取得对 B 公司的控制权，当日 B 公司所有者权益总额为 5 000 万元。

    要求：编制华联公司合并日的会计分录。

2. 华联实业股份有限公司和 D 公司为两个独立的法人企业，合并之前不存在任何关联方关系。华联公司和 D 公司达成合并协议，约定华联公司以发行的权益性证券作为合并对价，取得 D 公司 80% 的股权。华联公司拟增发的权益性证券为每股面值 1 元的普通股股票，共增发 1 600 万股，每股公允价值为 3.50 元；20×8 年 7 月 1 日，华联公司完成了权益性证券的增发，手续费及佣金等发行费用 120 万元。在华联公司和 D 公司的合并中，华联公司另以银行存款支付审计费用、评估费用、法律服务费用等共计 80 万元。

    要求：编制华联公司购买日的会计分录。

3. 华联实业股份有限公司以一套生产设备换入乙公司持有的 J 公司 3% 的股权，支付手续费等相关费用 5 万元。华联公司换出设备的账面原价为 560 万元，累计折旧为 240 万元，公允价值不能可靠计量。换入的 J 公司股权在活跃市场中没有报价、公允价值不能可靠计量，华联公司将其划分为长期股权投资。假定除手续费等相关税费外，该项交易中未涉及其他相关税费。

    要求：编制华联公司换入长期股权投资的会计分录。

4. 20×5 年 6 月 10 日，星海公司以 856 000 元的价款（包括相关税费）取得 D 公司普通股股票 300 000 股作为长期股权投资，该项投资占 D 公司普通股股份的 1%，星海公司采用成本法核算。20×5 年度，D 公司实现净利润 9 260 000 元，当年未进行股利分配；20×6 年度，D 公司实现净利润 13 280 000 元，20×7 年 3 月 5 日，D 公司宣告 20×6 年度股利分配方案，每股分派现金股利 0.20 元；20×7 年度，D 公司发生亏损 2 150 000 元，当年未进行股利分配；20×8 年度，D 公司实现净利润 7 590 000 元，20×9 年 4 月 5 日，D 公司宣告 20×8 年度股利分配方案，每股分派现金股利 0.10 元。

    要求：编制星海公司有关该项长期股权投资的会计分录。

（1）20×5 年 6 月 10 日，取得 D 公司股票。

（2）20×7年3月5日，D公司宣告20×6年度股利分配方案。

（3）20×9年4月5日，D公司宣告20×8年度股利分配方案。

5. 20×8年1月1日，星海公司购入D公司股票2 000万股作为长期股权投资，占D公司普通股股份的30%，星海公司采用权益法核算。假定投资当时，D公司可辨认净资产公允价值与其账面价值之间的差额较小，星海公司直接根据D公司账面净损益计算确认投资收益。20×8年度，D公司报告净收益1 500万元，20×9年3月10日，D公司宣告20×8年度股利分配方案，每股分派现金股利0.15元。20×9年度，D公司报告净亏损600万元，当年未进行股利分配。

要求：编制星海公司有关该项长期股权投资的会计分录。

（1）确认20×8年度的投资收益。

（2）20×9年3月10日，确认应收股利。

（3）确认20×9年度的投资损失。

6. 20×8年1月1日，星海公司支付632万元的价款（包括交易税费）购入N公司10%的股份作为长期股权投资，星海公司采用成本法核算。20×9年1月5日，星海公司再次以1 756万元的价款（包括交易税费）购入N公司25%的股份作为长期股权投资。至此，星海公司已累计持有N公司35%的股份，因此，对N公司的股权投资改按权益法核算。20×7年12月31日，N公司可辨认净资产公允价值为5 462万元；20×8年度，N公司报告净收益825万元，未进行利润分配；20×8年12月31日，N公司可辨认净资产公允价值为6 512万元。

要求：做出星海公司购入股权和转换核算方法的会计处理。

（1）20×8年1月1日，星海公司购入N公司10%的股份。

（2）20×9年1月5日，星海公司再次购入N公司25%的股份。

（3）分析是否需要对原投资成本和追加投资成本进行调整。

（4）分析应享有N公司可辨认净资产公允价值变动的份额，并编制相应的调整分录。

7. 20×7年1月5日，华联实业股份有限公司以6 400万元的价款取得R公司30%的股份，能够对R公司施加重大影响，采用权益法核算；20×8年2月10日，华联公司又以8 000万元的价款取得R公司30%的股份。由于华联公司对R公司的持股比例增至60%，R公司成为华联公司的子公司，因此改按成本法核算。20×7年度，R公司实现净收益1 000万元，华联公司已按权益法确认了应享有的收益份额300万元，R公司未分配现金股利。除所实现净损益外，R公司未发生其他导致所有者权益发生变动的交易或事项。华联公司按照净利润的10%提取盈余公积。

要求：编制华联公司长期股权投资转换核算方法的会计分录。

8. 华联实业股份有限公司购入N公司股票150 000股，实际支付购买价款285 000元（包括交易税费）。N公司的股票在活跃市场中没有报价，公允价值不能可靠计量，华联公司将其划分为长期股权投资，并采用成本法核算。20×7年12月31日，华联公司为该项股权投资计提了减值准备95 000元；20×8年9月25日，华联公司将持有的

N 公司股票全部转让，实际收到转让价款 180 000 元。

　　要求：编制华联公司转让长期股权投资的会计分录。

（五）案例分析题

　　深圳市创新投资集团有限公司（以下简称"创新投"）是一家国有专业创业投资机构，注册资本为 16 亿元人民币，是国内最具影响力的创业投资机构之一。作为专业创业投资机构，创新投于 2002 年 12 月 23 日与潍坊柴油机厂等 9 家公司发起设立了潍柴动力股份有限公司（以下简称"潍柴动力"），注册资本金为 21 500 万元。其中，第一大股东潍坊柴油机厂以实物资产和部分现金出资 8 645 万元，持股 40.21%，创新投以现金 2 150 万元出资，持有 10% 的股权比例，为并列第三大股东。

　　2004 年 3 月 21 日，潍柴动力在香港发行的 112 亿股成功上市（代码：23381），募集资金净额 12 127 亿元。发行 H 股后，潍柴动力股本变更为 313 亿股，创新投持股比例下降为 6.52%，仍为并列第三大股东。潍柴动力 2003 年度利润为 2.7747 亿元，分配现金股利 0.43 亿元；2004 年度利润 5.3888 亿元，分配现金股利 0.99 亿元，经营业绩良好。

　　在潍柴动力第一届董事会成员中创新投派出了一名代表，享有实质性的参与决策权，该董事一直兼任潍柴动力董事会薪酬委员会委员，参与该公司政策制定过程。H股上市后，该董事被委任为潍柴动力投资总监，负责潍柴动力对外投资等资本运营活动。鉴于对潍柴动力具有重大影响，创新投自投资伊始即对该项投资采用权益法进行核算，这一做法得到创新投主审机构——深圳 DH 会计师事务所的认同与支持。2005年 7 月，创新投控股股东委托深圳 AY 会计师事务所对创新投的财务信息执行商定程序审计时指出，创新投投资潍柴动力持有股权比例低于 20%，采用权益法核算依据不足，应该按照成本法进行核算。

　　问题：

　　（1）创新投对潍柴动力是否具有重大影响关系？

　　（2）计算 2003 年和 2004 年创新投分别采用成本法和权益法的长期股权投资账面价值。

　　（3）试比较分析创新投分别采用成本法和权益法对其经营业绩的影响。

　　提示：投资企业对被投资单位具有共同控制或重大影响的长期股权投资，应当采用权益法核算。在确定能否对被投资单位施加重大影响时，一方面应考虑投资企业直接或间接持有被投资单位的表决权股份；另一方面要考虑企业及其他方持有的现行可执行潜在表决权在假定转换为对被投资单位的股权后产生的影响。

第六章　固定资产

一、教学案例

2002 年 1 月 15 日，"赣粤高速"以每股收益 0.51 元的不俗业绩闪亮登场，上一年的净利润为 17 922 万元，这是我国上市公司公布的第一份 2001 年报。其年报附注中披露的该公司关于固定资产及折旧、在建工程等的相关会计资料如下：

1．固定资产及折旧的核算方法

（1）固定资产计价

①购入的固定资产，按实际支付的价款、包装费、运杂费、安装成本、交纳的有关税金等入账；

②自行建造的固定资产，按该项资产达到预定可使用状态前所发生的全部支出入账；

③投资者投入的固定资产，按投资各方确认价值入账；

④融资租入的固定资产，按租赁开始日租赁资产的原账面价值与最低租赁付款额的现值较低者入账。

（2）固定资产折旧

固定资产（除公路外）采用直线法平均计算，并按各类固定资产预计的使用年限扣除预计净残值（原值的 5%）制定其折旧率，各类固定资产折旧率如表 6-1 所示。

表 6-1　　　　　　　　　　　固定资产折旧率

资产类别	使用年限（年）	年折旧率（%）
房屋建筑物	20－30	4.75－3.17
专用设备	10	9.5
运输设备	8	11.88
其他设备	5－8	19－11.88

该公司固定资产及累计折旧具体情况如表 6-2、表 6-3 所示。

①固定资产原值

表 6-2　　　　　　　　　　　固定资产原值　　　　　　　　　　单位：元

项目	2000.12.31	本期增加数	本期减少数	2001.12.31
公路	3 383 043 581.97	391 056 910.30		3 774 100 492.27

表6-2（续）

项目	2000.12.31	本期增加数	本期减少数	2001.12.31
房屋建筑物	29 379 167.48	81 182 037.36	6 500 000.00	104 061 204.84
专用设备	12 759 076.19	16 243 861.28	1 650.00	29 001 287.47
运输设备	5 758 638.63	7 630 472.47	155 485.21	13 233 625.89
其他设备	15 044 618.84	3 087 955.14	21 223.00	18 111 350.98
合计	3 445 985 083.11	499 201 236.55	6 678 358.21	3 938 507 961.45

②累计折旧

表6-3　　　　　　　　　　　　累计折旧　　　　　　　　　　　　单位：元

项目	2000.12.31	本期增加数	本期减少数	2001.12.31
公路	436 751 741.43	27 948 324.38		464 700 065.81
房屋建筑物	5 213 996.94	5 157 633.43	51 458.34	10 320 172.03
专用设备	5 244 559.45	2 589 737.65	653.89	7 833 643.21
运输设备	1 963 824.13	1 049 452.17	24 618.49	2 988 657.81
其他设备	2 644 069.49	702 615.13	6 327.79	3 340 356.83
合计	451 818 191.44	37 447 762.76	83 058.51	489 182 895.69

注：本期增加数主要系昌傅高速公路工程完工，按工程预算估转固定资产469 633 431.40元；昌九高速公路收费监控工程完工和昌九标志牌工程完工转入3 874 134.45元。本期减少数主要系本公司以房屋资产投资设立江西嘉园房地产有限责任公司。

2. 该公司在建工程具体情况

该公司在建工程具体情况如表6-4所示。

表6-4　　　　　　　　　　　　在建工程　　　　　　　　　　　　单位：元

工程名称	2000.12.31	本期增加	本期转入固定资产	其他减少	2001.12.31
昌九高速公路收费监控系统	6 378 286.29	11 500 000.00	1 199 416.33		38 205 290.00
各收费站集体宿舍工程		1 103 278.00			1 103 278.00
收费站拓宽工程		833 470.00			833 470.00
房屋装修工程		462 539.00			462 539.00
胡家坊—昌傅高速公路	311 500 000.00	59 500 000.00	371 000 000.00		
志牌工程昌九交通标		3 418 322.67	2 674 718.12	743 604.55	
小计	311 500 000.00	65 317 609.67	373 674 718.12	743 604.55	2 399 287.00

根据上述资料可知，该公司公路的资产价值是3 774 100 492.27元，折旧额是27 948 324.38元，折旧率约为0.74%。有人认为，路桥类公司资产负债的特征是大比例的固定资产占用，而且受BOT（建设租赁经营）模式约束，折旧期限通常不会超

过 30 年。因此，期初折旧金额越小，余下年度的折旧压力就越大，如果按照赣粤高速前 2 年的折旧金额计算，大约需要 100 年才能折旧完毕，但其实际折旧年限可能平均已不到 28 年。因此，随着将来折旧加速，公司主营业务的增长不仅很难与利润增长同步，反而可能出现滑坡。所以，影响高速公路类上市公司业绩的主要因素不是主营业务收入，而是固定资产折旧。

问题思考：

1. 江西赣粤高速公路股份有限公司是如何对固定资产进行分类的？采用了哪些固定资产计价标准？

2. 对该公司关于昌傅高速公路工程完工按工程预算估转固定资产、昌九高速公路收费监控工程完工和昌九标志牌工程完工转入固定资产应如何进行相关会计处理？

3. 赣粤高速采用车流量法而不是平均年限法计提折旧出于什么考虑？

4. 高速公路类上市公司如果采用平均年限法计提折旧会对公司当前及以后的经营成果有什么影响？

5. 高速公路公司如何根据"公路及构筑物"所含经济利益的预期实现方式选择合适的折旧方法，以公允反映公司的经营业绩？

6. 高速公路采用工作量对"公路及构筑物"计提折旧时，是否需要定期调整预计总车流量？它与实际车流量之间的差异应如何处理？是否影响以前年度计提的折旧额？

7. 你如何看待高速公路类上市公司尤其是采用 BOT 方式修建的路桥的折旧政策？

8. 总结我国会计准则与国际准则对折旧规定的特点及差异，并对我国高速公路的折旧方法提出自己的建议。

9. 查找我国高速公路类上市公司资料，分析其是否采用了其他折旧方法以及是什么样的方法。

二、作业与思考题

（一）名词解释

1. 固定资产；2. 固定资产折旧

（二）填空题

1. 固定资产存在三种计价标准，即_____、_____和_____。

2. 固定资产的确认条件：（1）_____；
（2）_____；（3）_____。

3. 影响固定资产折旧计算的因素主要有_____、_____和_____。

4. 固定资产折旧方法包括_____、_____、_____和_____。

（三）选择题

1. 固定资产的特征主要有（　　　）。

    A. 固定资产是有形资产　　　　　　B. 可供企业长期使用

C. 不以投资和销售为目的而取得　　D. 具有可衡量的未来经济利益

E. 固定资产的成本能够可靠计量

2. 下列固定资产折旧方法中，体现谨慎性要求的有（　　　）。

A. 年数总和法　　B. 工作量法　　　C. 平均年限法　　D. 双倍余额递减法

3. 下列业务中，需要通过"固定资产清理"科目进行处理的有（　　　）。

A. 固定资产重新安装　　　　　　B. 固定资产出售

C. 固定资产报废　　　　　　　　D. 固定资产盘亏

E. 固定资产毁损

4. 企业购入一台需要安装的设备，实际支付买价20万元，增值税3.4万元；另支付运杂费0.3万元，途中保险费0.1万元；安装过程中，领用一批原材料，成本为4万元，售价为5万元，支付安装人员的工资2万元。该设备达到预定可使用状态时，其入账价值为（　　　）万元。

A. 30.65　　　　B. 27.08　　　　C. 30.48　　　　D. 26.4

5. 企业将自产的一批应税消费品（非金银首饰）用于在建工程。该批消费品成本为80万元，计税价格为100万元，该批消费品适用的增值税税率为17%，消费税税率为10%。企业将一批用于产品生产的材料用于工程，实际成本为10万元，计税价格为12万元，增值税税率为17%。在建工程成本应增加的金额为（　　　）万元。

A. 118.7　　　　B. 109.04　　　　C. 117　　　　D. 112

6. 下列固定资产后续支出项目中，应予以资本化的有（　　　）。

A. 固定资产扩建支出　　　　　　B. 固定资产修理支出

C. 固定资产重安装支出　　　　　D. 固定资产增置支出

E. 固定资产换新支出

（四）业务题

1. 华联实业股份有限公司购入一台不需要安装的设备，发票上注明设备价款为30 000元，应交增值税为5 100元，支付的场地整理费、运输费、装卸费等合计1 200元。企业已用银行存款支付上述款项。

要求：编制华联实业股份有限公司有关会计处理分录。

2. 华联实业股份有限公司一揽子购买某工厂的汽车、设备和厂房，共计390 000元，已用银行存款支付。经评估，上述三项资产的公允价值分别为150 000元、120 000元和130 000元。

要求：编制华联实业股份有限公司有关会计处理分录。

3. 华联实业股份有限公司以出包方式建造一座仓库，合同总金额为1 500 000元。按照与承包单位签订承包合同的规定，公司需事前支付工程款1 000 000元，剩余工程款于工程完工结算时补付。

要求：编制华联实业股份有限公司有关会计处理分录。

4. 华联实业股份有限公司根据投资各方达成的协议，按资产评估确认的价值作为投资各方投入资本价值确认的标准。在各方的投资中，A 股东以一座厂房作为投资投入该公司，该厂房经评估确认价值为 1 200 000 元，按协议可折换成每股面值为 1 元、数量为 1 000 000 股股票的股权；B 股东以一台设备作为投资投入该公司，该设备经评估确认价值为 200 000 元，应交增值税为 34 000 元，按协议可折换成每股面值为 1 元、数量为 160 000 股股票的股权。此项设备需要安装才能使用，公司支付设备安装成本 3 000 元。

要求：编制华联实业股份有限公司有关会计处理分录。

5. 2009 年 10 月 5 日，诚信公司通过一场拍卖会成功地竞买到一项专利，经专家估计和市场测算，用该项专利生产产品的市场前景将是非常广阔的。但由于购买生产产品用的设备所需资金数额很大，而公司目前的资金周转又较为困难，一时也难以筹措到足够的资金用作产品的生产，这令公司决策者们左右为难。最后经过权衡利弊，公司采纳了财务顾问的意见，决定采用融资租赁方式租入生产产品所用设备。设备的出租方是大通公司。租赁设备原账面价值为 1 493 000 元。租赁双方签订租赁合同的主要条款如下：①租赁期为 4 年；②租赁费总额为 1 600 000 元；③每年年末支付租金 400 000 元；④租赁期满，固定资产所有权无偿转给承租人；⑤出租人租赁内含利率为 5%；⑥履约成本由承租人负担。

要求：编制诚信公司相关会计处理分录。

6. 华联实业股份有限公司接受一台全新专用设备的捐赠，捐赠者提供的有关价值凭证上标明的价格为 117 000 元，应交增值税为 19 890 元，办理产权过户手续时支付相关税费 2 900 元。

要求：编制华联实业股份有限公司有关会计处理分录。

7. 华联实业股份有限公司在固定资产清查中，发现一台仪器没有在账簿中记录。该仪器当前市场价格为 8 000 元，根据其新旧程度估计价值损耗 2 000 元。

要求：编制华联实业股份有限公司有关会计处理分录。

8. 诚信公司一台设备，原始价值为 160 000 元，预计使用年限 5 年，预计净残值率为 4%。

要求：①采用平均年限法计算固定资产的年折旧率、月折旧率、年折旧额、月折旧额；

②分别采用双倍余额递减法和年数总和法计算固定资产的年折旧率和年折旧额。

9. 华联实业股份有限公司一座仓库因火灾烧毁。仓库原价为 300 000 元，累计折旧为 120 000 元。大火扑灭后，公司对现场进行了清理，发生清理费用 21 000 元。公司收到保险公司赔款 100 000 元，残料变卖收入 19 000 元。

要求：编制华联实业股份有限公司有关会计处理分录。

（五）案例分析题

亨通汽车零配件厂 2003 年 12 月 25 日购入一台机器设备 M，入账价值为 72 万元，预计净残值为 2 万元，可使用年限为 10 年。设备按直线法计提折旧，每年计提折旧 7

万元。2005 年，由于同类更新型号设备的出现，原型号设备 M 的价值出现了贬值，市场价值仅售 56 万元，于是亨通工厂计提了资产减值准备 9 万元，当年计提折旧 6 万元。2007 年由于市场的关系，该设备需求增加，价格又回升，设备 M 的预计市场售价回升为 46 万元。亨通公司会计小王认为应转回固定资产减值准备，再重新计算当年应计提的折旧额。

问题：

1. 亨通工厂的做法正确吗？小王的做法有没有道理？

2. 应如何计算折旧额？

提示：《企业会计准则第 8 号——资产减值》第十五条，可收回金额的计量结果表明，资产的可收回金额低于其账面价值的，应当将资产的账面价值减记至可收回金额，减记的金额确认为资产减值损失，计入当期损益，同时计提相应的资产减值准备；第十六条，资产减值损失确认后，减值资产的折旧或者摊销费用应当在未来期间作相应调整，以使该资产在剩余使用寿命内，系统地分摊调整后的资产账面价值（扣除预计净残值）；第十七条，资产减值损失一经确认，在以后会计期间不得转回。

第七章　无形资产

一、教学案例

2007 年 6 月 7 日，在公布当年电子信息百强的同时，信息产业部公布了各企业的专利情况，其中，海尔、华为、联想列专利数前三，但在研发费用的排名上中兴通讯则超过联想，列第三。信息产业部的相关报告称，本届百强企业 2006 年研发经费投入 434 亿元，比上届增长 21.1%，研发投入强度（研发经费占营业收入比重）达到 3.9%，比全行业平均水平（2.1%）高出 1.8 个百分点。

其中，海尔集团公司、华为技术有限公司、中兴通讯股份有限公司、联想控股有限公司研发经费分别达到 67 亿元、59 亿元、28 亿元和 28 亿元，均比 2005 年有较大增长。

问题思考：

分析研发支出进行资本化处理对企业业绩的影响。

二、作业与思考题

（一）名词解释

1. 无形资产

（二）填空题

1. 无形资产包括：_____、_____、_____、_____、_____和_____。

2. 无形资产的确认条件：（1）_____；（2）_____；（3）_____。

（三）选择题

1. 下列各项企业不能确认为无形资产的有（　　　）。

A. 自创报刊名　B. 非专利技术　C. 土地使用权　D. 自创品牌

E. 商誉

2. 甲公司 2007 年年初开始进行新产品研究开发，2007 年度投入研究经费 300 万元，2008 年度投入开发经费 600 万元。2009 年 1 月获得成功，并获得国家专利权，发生注册登记费 60 万元。该项专利法律保护期限为 10 年，预计使用年限为 12 年。甲公司 2009 年度对该项专利权应摊销的金额为（　　　）万元。

A. 55   B. 66   C. 80   D. 96

（四）业务题

1. 乙公司为上市公司，2005 年 1 月 1 日，公司以银行存款 6 000 万元购入一项无形资产。2006 年和 2007 年年末，预计该无形资产可收回金额分别为 4 000 万元和 3 556 万元。预计该无形资产使用年限为 10 年，按月摊销。乙公司每年年末对该无形资产计提减值准备，计提减值准备后，预计使用年限不变。

要求：不考虑其他因素，计算乙公司该无形资产 2008 年 7 月 1 日的账面价值。

2. 华联实业股份有限公司根据公司的发展需要，决定以一台设备交换 MP 公司一项专利权。该项固定资产原始价值 125 000 元，累计折旧 11 000 元，已计提减值准备 2 000 元，支付相关税费 1 100 元。假定该设备的公允价值为 120 000 元，华联实业股份有限公司换入无形资产的同时，收到 MP 公司的现金补价 10 000 元，其他条件不变。

要求：编制华联实业股份有限公司有关会计处理分录。

3. 华联实业股份有限公司的一笔应收账款是 LD 公司前欠的货款，金额为 146 000 元。因 LD 公司发生财务困难，短期内难以偿还，经双方协商，公司同意 LD 公司以一项专利权抵债，该项专利权的公允价值为 120 000 元，华联实业股份有限公司计提的坏账准备为 29 000 元。

要求：编制华联实业股份有限公司有关会计处理分录。

（五）案例分析题

宜林股份有限公司是一家广告公司，成立于 2002 年。近年来，公司业务量猛增，营业收入成倍增长，公司处于高速发展阶段。但是，2007 年以来，由于市场竞争加剧，而公司的经营模式一直没有变化，市场份额有下降趋势。在这样的情况下，公司决定拓宽经营思路，准备收购一家专门经营户外大屏幕广告的传媒公司。宜林公司于 2008 年，取得了东部地区一家传媒公司的所有权。因为品牌的关系，宜林公司在购买过程中比相同类型的公司多支付了 500 万元。宜林公司会计王莉将这 500 万元作为商誉计入无形资产账户。

问题：

1. 会计王莉的处理正确吗？为什么？

2. 新准则确定的可辨认性标准是什么？

提示：《企业会计准则第 6 号——无形资产》第三条，资产满足下列条件之一的，符合无形资产定义中的可辨认标准：①能够从企业中分离或划分出来，并能单独或者与相关合同、资产或负债一起，用于出售、转移、授予许可、租赁或者交换；②源自合同性权利或其他法定权利，无论这些权利是否可以从企业或其他权利和义务中转移或分离。

第八章　投资性房地产

一、教学案例

标准公司于 2002 年 4 月 5 日新购一栋办公楼，打算将一层用于对外出租，其余楼层作为本企业的办公场所，预计使用 30 年，无净残值，按平均年限法计提折旧。该写字楼每平方米购买成本（包括相关税费）为：一层 3.6 万元，其余楼层 1.8 万元。面积分别为：一层 2 600 平方米，其余楼层 32 000 平方米。总计购买成本为 66 960 万元。

2002 年 6 月 28 日该公司与实践公司签订经营租赁合同，租期为 3 年，年租金为 360 万元，自租赁期开始日起按年预收租金，租赁期开始日为 2002 年 7 月 1 日。

2005 年，标准公司为了提高租金，决定与实践公司的租赁合同到期后对写字楼一层进行改建，并与新海公司签订经营租赁合同，约定于改建工程完工之日起将其出租给新海公司使用，租期为 5 年，年租金为 480 万元。公司自租赁期开始日起按年预收租金。2005 年 7 月 1 日，标准公司与实践公司的租赁合同到期，写字楼一层随即转入改建工程，在改建过程中，公司用银行存款支付改建支出 590 万元，拆除残料出售的 2 万元已存入银行。2005 年 8 月 30 日改建工程完工，随即按照租赁合同出租给新海公司使用，租赁期开始日为 2005 年 9 月 1 日。写字楼改建后未改变其预计使用寿命和预计净残值。

2007 年年底，因所在地的房地产市场已比较成熟，标准公司决定从 2008 年 1 月 1 日起对投资性房地产采用公允价值模式进行后续计量。2008 年 1 月 1 日，写字楼一层的公允价值为 8 500 万元；2008 年 12 月 31 日，写字楼一层的公允价值为 9 000 万元；2009 年 12 月 31 日，写字楼一层的公允价值为 8 800 万元。标准公司按净利润的 10% 提取盈余公积。

2010 年 9 月 1 日，与新海公司租赁合同到期，标准公司将写字楼一层收回后自用，当日写字楼一层的公允价值为 8 580 万元。

问题思考：

1. 标准公司上述写字楼一层是否可以单独确认为投资性房地产？如果可以单独确认为投资性房地产，应于何时确认为投资性房地产？

2. 标准公司 2002 年应如何对该写字楼的相关业务进行会计处理？

3. 标准公司 2005 年应如何对该写字楼的相关业务进行会计处理？

4. 标准公司 2008 年应如何对该写字楼的相关业务进行会计处理？

5. 标准公司 2009 年应如何对该写字楼的相关业务进行会计处理？

6. 标准公司 2010 年应如何对该写字楼的相关业务进行会计处理？

二、作业与思考题

（一）名词解释

1. 投资性房地产

（二）填空题

1. 投资性房地产的确认条件：（1）_____；（2）_____；
（3）_____。

2. 投资性房地产的后续计量模式有_____和_____两种。

3. 投资性房地产采用公允价值模式进行后续计量，应当同时满足以下两个条件：
（1）_____；（2）_____。

（三）选择题

1. 下列各项中，属于投资性房地产的有（　　　）。

A. 企业以经营租赁方式租出的写字楼

B. 企业准备建成后用于出租的在建写字楼

C. 企业拥有并自行经营的饭店

D. 企业出租给本企业职工的房屋

E. 企业持有拟增值后转让的土地使用权

2. 某企业将一栋写字楼用于对外出租，并与客户签订了经营租赁合同。写字楼买价为 20 000 万元，另支付相关税费 150 万元。在与客户签订经营租赁合同过程中，企业支付咨询费、律师费 10 万元，差旅费 2 万元。该投资性房地产的入账价值为（　　　）万元。

A. 20 000　　　　B. 20 150　　　　C. 20 160　　　　D. 20 162

3. 投资性房地产采用公允价值模式进行后续计量的，"投资性房地产"科目期末余额反映（　　　）。

A. 投资性房地产的入账价值　　　B. 投资性房地产的公允价值

C. 投资性房地产的可变现价值　　　D. 投资性房地产的累计公允价值变动

4. 采用公允价值模式计量的投资性房地产，下列各项中不会影响资本公积金额的有（　　　）。

A. 自用房地产转为投资性房地产时公允价值大于账面价值

B. 自用房地产转为投资性房地产时公允价值小于账面价值

C. 投资性房地产转为自用房地产时公允价值大于账面价值

D. 投资性房地产转为自用房地产时公允价值小于账面价值

E. 持有期间投资性房地产的公允价值变动

5. 企业发生的下列投资性房地产后续支出中，不能作为资本性支出的是（　　　）。

A. 房屋修理支出　　　　　　B. 房屋改造支出

C. 房屋装修支出   D. 房屋扩建支出

6. 某企业对投资性房地产采用成本模式计量。下列用于出租的建筑物中，应当计提折旧的有（　　　）。

A. 因进行改建扩建而停止使用的建筑物

B. 因未与客户签订租赁协议而暂时空置的建筑物

C. 不再用于出租而待处置的建筑物

D. 不再用于出租而转为自用的建筑物

E. 已提足折旧继续使用的建筑物

7. 企业将一项采用成本模式计量的投资性房地产转换为自用房地产。转换日，该投资性房地产的账面余额为 700 万元，累计折旧为 200 万元，已计提的减值准备为 100 万元，公允价值为 450 万元。转换日应当转入"固定资产"科目的金额为（　　　）万元。

A. 400   B. 450   C. 500   D. 700

8. 某企业以 600 万元的售价出售一幢作为投资性房地产并且采用成本模式计量的建筑物。该建筑物账面原价为 800 万元，已提折旧 500 万元，发生清理费用 10 万元，营业税税率为 5%。出售该建筑物的净收益为（　　　）万元。

A. 260   B. 290   C. 300   D. 600

（四）业务题

1. 20×7 年 6 月，华联实业股份有限公司计划购入一栋写字楼用于对外出租。6 月 25 日，华联实业股份有限公司与 B 公司签订了经营租赁合同，约定自写字楼购买日起，将该写字楼出租给 B 公司使用，租赁期为 5 年。8 月 31 日，华联实业股份有限公司购入写字楼，实际支付购买价款和相关税费共计 2 400 万元。根据租赁合同，租赁期开始日为 20×7 年 9 月 1 日。

要求：分别按成本模式和公允价值模式编制华联实业股份有限公司有关会计处理分录。

2. 华联实业股份有限公司对投资性房地产采用公允价值模式进行后续计量。该公司与 B 公司签订的一项厂房经营租赁合同于 20×7 年 12 月 31 日到期。租赁合同到期日厂房的账面余额为 2 150 万元，其中成本为 1 850 万元，累计公允价值变动金额为 300 万元。为了提高厂房的租金收入，华联实业股份有限公司决定在租赁期满后对厂房进行改建，并与 C 公司签订了经营租赁合同，约定自改建完工之日起将厂房出租给 C 公司使用。20×7 年 12 月 31 日，公司与 B 公司的租赁合同到期，厂房随即转入改建工程。在改建过程中，公司用银行存款支付改建支出 160 万元。20×8 年 8 月 31 日，厂房改建工程完工，公司即日按照租赁合同将厂房出租给 C 公司。

要求：编制华联实业股份有限公司有关会计处理分录。

3. 某房地产开发公司的办公楼处于商业繁华地段，为了获得更大的经济利益，该公司决定将办公地点迁往新址，原办公楼腾空后用于出租，以赚取租金收入。20×8 年 10 月，房地产开发公司完成了办公地点的搬迁工作，原办公楼停止自用。20×8 年 12

月，房地产开发公司与 D 公司签订了租赁协议，将原办公楼出租给 D 公司使用，租赁期开始日为 20×9 年 1 月 1 日，租赁期为 3 年。该办公楼原价为 25 000 万元，累计已提折旧 7 500 万元。该房地产开发公司对投资性房地产采用公允价值模式计量。

要求：假定 20×9 年 1 月 1 日办公楼的公允价值分别为 17 000 万元和 18 000 万元，编制该房地产开发公司有关会计处理分录。

4. 20×8 年 6 月 10 日，某房地产开发公司与 C 公司签订了租赁协议，将其开发的一栋写字楼出租给 C 公司使用。租赁期开始日为 20×8 年 7 月 1 日。该写字楼的实际建造成本为 65 000 万元，未计提存货跌价准备。该房地产开发公司对投资性房地产采用成本模式计量。

要求：编制该房地产开发公司有关会计处理分录。

5. 20×8 年 7 月 1 日，华联实业股份有限公司将出租的厂房收回，开始用于本企业的产品生产。厂房在转换前采用成本模式计量，账面原价为 2 000 万元，累计已提折旧 450 万元。

要求：编制华联实业股份有限公司有关会计处理分录。

6. 某房地产开发公司将其开发的一栋写字楼以经营租赁方式出租给其他单位使用。20×8 年 7 月 1 日，因租赁期满，该房地产开发公司将出租的写字楼收回，并作出书面决议，将写字楼重新开发用于对外销售。写字楼在转换前采用公允价值模式计量，原账面价值为 6 000 万元，其中成本为 5 600 万元，公允价值变动 400 万元。20×8 年 7 月 1 日，写字楼的公允价值为 6 200 万元。

要求：编制该房地产开发公司有关会计处理分录。

7. 华联实业股份有限公司将其一栋写字楼用于对外出租，采用成本模式计量。租赁期满后，华联实业股份有限公司将该写字楼出售给 N 公司。合同价款为 12 500 万元。N 公司已用银行存款付清。出售时，该栋写字楼的成本为 11 000 万元，累计已提折旧 1 320 万元。假定不考虑相关税费。

要求：编制华联实业股份有限公司有关会计处理分录。

8. 华联实业股份有限公司将用来作为办公场所的房屋对外出租，并于 20×5 年 12 月 25 日签订了租赁合同，租赁期开始日为 20×6 年 1 月 1 日。用于出租的房屋原价为 1 600 万元，预计净残值为 40 万元，预计可使用 30 年，采用年限平均法计提折旧（为简化起见，假定按年计提折旧）。转换为投资性房地产之前，该房屋已使用了 9 年，累计折旧为 468 万元。

要求：做出华联实业股份有限公司有关该投资性房地产的下列会计处理：

（1）假定采用成本模式进行后续计量。

①20×6 年 1 月 1 日，将自用房地产转为投资性房地产。

②20×6 年 12 月 31 日，计算房屋年折旧额并计提折旧。

③20×8 年 1 月 1 日，房屋公允价值为 1 560 万元，将成本模式转为公允价值模式。

④20×8 年 12 月 31 日，房屋公允价值为 1 570 万元。

（2）假定采用公允价值模式进行后续计量。

①20×6 年 1 月 1 日，房屋公允价值为 1 500 万元，将自用房地产转为投资性房地产。

②20×6 年 12 月 31 日，房屋的公允价值为 1 490 万元。

③20×7 年 12 月 31 日，房屋公允价值为 1 560 万元。

④20×8 年 12 月 31 日，房屋公允价值为 1 570 万元。

⑤20×9 年 1 月 1 日，租赁期满，房屋重新转为自用。

⑥20×9 年 12 月 31 日，计算房屋年折旧额并计提折旧。

（五）案例分析题

兴华股份公司为了拓展经营规模而想方设法积累资金，在 2006 年年初房地产市场略出现调整时适时进行投资，于当年 6 月 20 日以银行存款支付方式购得某繁华商业街的一幢商务楼。由于该商务楼地段好、租金收益高，公司决定先用于出租，一旦房价上涨，再择机抛售获利。

该商务楼的购置价格为 1 680 万元，相关税费为 10 万元，预计使用寿命为 40 年，预计净残值为 10 万元，采用直线法折旧。2006 年 7 月 1 日起对外出租，年租金为 180 万元，租金每月收取一次。

在 2006 年下半年，房地产市场开始复苏，这时兴华股份公司经营资金周转发生困难。于是兴华股份公司找到一合适买主，在 2006 年 12 月 10 日以 2 000 万元的价格对外转让 2006 年 6 月 20 日购入的该幢商务楼，已通过银行转账收取转让价款。该商务楼采用成本模式进行后续计量，营业税税率为 5%。

问题：

1. 根据新准则中关于投资性房地产的有关规定，兴华公司应如何进行会计处理？

2. 你认为采用新的投资性房地产准则会对企业产生什么影响？

提示：《企业会计准则第 3 号——投资性房地产》规定了在会计报表中须单列"投资性房地产"项目，处理可以采用成本模式或者公允价值模式，但以成本模式为主导；如有活跃市场，能确定公允价值并能可靠计量，也可采用公允价值计量模式，这种模式下不计提折旧或减值准备，公允价值与原账面之间的差异计入当期损益。

第九章 资产减值

一、教学案例

【案例一】

胜利股份有限公司（以下简称"胜利公司"）是生产日用电器产品的上市企业，该公司从 2007 年 1 月 1 日起执行新企业会计准则。2007 年 12 月 31 日有关交易和资产状况如下：

1. 2007 年 12 月 31 日，甲产品有库存 400 台，每台单位成本为 5 万元，账面余额为 2 000 万元。甲产品市场销售价格为每台 5.8 万元。胜利公司已经与某企业签订一份不可撤销的销售合同，约定在 2008 年 1 月 20 日向该企业销售甲产品 300 台，合同价格为每台 5.1 万元。甲产品预计销售费用及税金为每台 0.2 万元。胜利公司按单项存货、按年计提跌价准备，年末计提跌价准备前，甲产品没有存货跌价准备余额。

胜利公司按照市场销售价格高于成本的事实，没有对甲产品计提存货跌价准备。

2. 2007 年 6 月，胜利公司购入某公司发行的 5 年期债券一批，作为持有至到期投资。2007 年年末计提减值准备前该债券的账面价值为 700 万元。

该公司发行债券后，因市场行情不好，上年已连续发生亏损，2007 年 12 月又发布了预亏公告。2007 年 12 月 31 日，胜利公司预计该项持有至到期投资预计未来现金流量现值为 690 万元。胜利公司对该债券计提了 10 万元减值准备，将计提的减值准备冲减了所有者权益。

3. 2007 年 12 月 31 日，胜利公司应收账款账面余额为 3 000 万元，其账龄和预计坏账率如下：

项目	金额（万元）	预计坏账率
1 年以内	2 200	2%
1～2 年	800	10%
合计	3 000	—

胜利公司在 2007 年年初应收账款已计提坏账准备 180 万元，2007 年度发生坏账 15 万元，收回以前年度已转销的坏账 40 万元。2007 年年末胜利公司对应收账款计提了坏账准备 124 万元，并计入当期资产减值损失 124 万元。

假设：胜利公司按账龄分析法，按年计提坏账准备；对应收款项预计未来现金流量不进行折现。

4. 2002 年 4 月购入的一台设备，2007 年 12 月 31 日其账面原值为 900 万元，累计折旧为 750 万元，已提取减值准备 50 万元，该设备生产的产品中有大量的不合格品，准备终止使用。胜利公司对其全额计提了减值准备，并将计提的减值准备 100 万元计入了当期损益。

5. 2007 年 7 月 1 日胜利公司以 590 万元的价格收购了突进公司 90% 的股权。已知胜利公司与突进公司为两个独立的企业，二者之间不存在关联关系。

在购买日，突进公司可辨认净资产的公允价值为 600 万元，没有负债和或有负债。胜利公司将突进公司所有资产认定为一个资产组。在 2007 年年末，胜利公司确定该资产组的可收回金额为 610 万元，突进公司可辨认净资产的账面价值为 630 万元。

问题思考：

（1）分析判断胜利公司未计提存货跌价准备是否正确，并说明理由；如不正确，计算应计提存货跌价准备的金额。

（2）分析判断胜利公司计提持有至到期投资减值准备的会计处理是否正确，并说明理由。

（3）分析判断胜利公司计提坏账准备的会计处理是否正确，并说明理由。

（4）分析判断胜利公司计提固定资产减值准备是否正确，并说明理由。

（5）分析判断胜利公司收购突进公司，属于何种合并，是否应确认商誉，并说明理由；如果确认商誉，2007 年年末是否需进行商誉的减值测试？请说明对商誉的减值如何进行处理。

【案例二】

南方证券因"违法违规经营、管理混乱、内控不力、经营不当，财务、资金状况继续恶化"，2004 年 1 月初被中国证监会、深圳市政府会同人民银行、公安部四方行政接管。消息公布后，与南方证券有关的 9 大上市公司股东随即发布了公告，在 2003 年的年度财务报告中对其所持有的南方证券股权投资进行减值处理。它们分别是：上海汽车，投资额为 3.96 亿元，持股比例为 10.41%，减值计提比例为 100%；首创股份，投资额为 3.96 亿元，持股比例为 10.41%，减值计提比例为 15%；东电 B 股，投资额为 2.2 亿元，持股比例为 5.78%，减值计提比例为 82%；邯郸钢铁，投资额为 1.1 亿元，持股比例为 2.9%，减值计提比例为 68%；万鸿集团，投资额为 8 334 万元，持股比例为 2.19% 股权，减值计提比例为 90%；海王生物，投资额为 7 700 万元，持股比例为 2.03%，减值计提比例为 30%；中原油气，投资额为 4 950 万元，持股比例为 1.3%，减值计提比例为 55%；万家乐 A，投资额为 1 000 万元，持股比例为 0.35%，减值计提比例为 50%；路桥建设，投资额为 3 300 万元，持股比例为 1.3%，减值计提比例为 20%。

问题思考：

查阅相关资料，说明为什么同为南方证券的股东，对同一项长期股权投资计提减值准备的差异却如此悬殊？

[资料来源] 门璐，等. 企业会计案例. 北京：清华大学出版社，北京交通大学出版社，2008.

二、作业与思考题

（一）名词解释

1. 资产减值；2. 资产可收回金额；3. 资产组

（二）填空题

1. 资产减值损失的确认标准有三种，即_____、_____和_____。

2. 企业在估计资产的公允价值减去处置费用后的净额时，应当按照下列顺序进行：（1）_____；（2）_____；（3）_____。

（三）选择题

1. 下列资产中，无论是否存在减值迹象，每年都应进行减值测试的是（　　）。

    A. 固定资产   B. 长期股权投资

    C. 使用寿命有限的无形资产   D. 使用寿命不确定的无形资产

2. 根据我国资产减值准则，企业为固定资产计提的减值准备可以转出的时间是（　　）。

    A. 资产市价上升   B. 资产市价下降

    C. 资产被处置   D. 资产可收回金额大于账面价值

3. 预计资产未来现金流量现值时，应考虑的因素主要有（　　）。

    A. 资产的预计未来现金流量   B. 资产的折旧额或摊销额

    C. 资产的使用寿命   D. 折现率

    E. 资产的售价

4. 下列项目中，通常可以认定为一个资产组的有（　　）。

    A. 能够独立产生现金流入的某一生产线

    B. 总部资产

    C. 能够独立产生现金流入的某营业网点

    D. 单项机器设备

    E. 能够独立产生现金流入的某事业部

5. 资产组的减值损失抵减了组内各项资产的账面价值后，其各项资产的账面价值不得低于下列项目中的最高者的有（　　）。

    A. 该资产的公允价值

    B. 资产预计未来现金流量的现值

    C. 该资产的公允价值减去处置费用后的净额

    D. 零

6. 下列资产中，其减值处理不适用《企业会计准则第8号——资产减值》的有（　　）。

    A. 固定资产   B. 无形资产

C. 存货　　　　　　　　　　　　D. 金融资产

E. 对联营企业和合营企业的长期股权投资

7. 对于固定资产和无形资产，其减值损失一经确认，在以后期间不得转回。其理由主要有（　　　　）。

A. 这些资产的减值通常属于永久性减值

B. 这些资产是长期资产

C. 这些资产在使用寿命内计提折旧或进行摊销

D. 可以避免确认资产重估增值和操纵利润

E. 可以避免低估资产的价值

8. 下列项目中，可以作为估计资产可收回金额的基础的有（　　　　）。

A. 单项资产　　　　　　　　　　B. 单项资产减负债

C. 单项资产和商誉　　　　　　　D. 资产组

E. 总部资产

（四）业务题

1. 2006 年 7 月 1 日企业以 600 万元的价格购入一项自用的无形资产，该无形资产与特定产品的生产无关。其预计使用寿命为 10 年，预计残值为 0。企业按月进行无形资产摊销。2009 年年末企业判断该无形资产发生减值。经减值测试，该无形资产的可收回金额为 240 万元，预计尚可使用 5 年。

要求：

（1）计算 2009 年年末企业为该无形资产计提的减值准备。

（2）编制 2009 年年末企业进行无形资产摊销以及计提无形资产减值准备的会计分录。

（3）编制 2010 年 1 月企业进行无形资产摊销的会计分录。

2. 2006 年，胜利公司购入一台设备，入账价值为 1 200 000 元，预计使用年限为 6 年，净残值为 36 000 元，采用直线法计提折旧。2009 年 12 月 31 日，由于市场需求发生不利的变化，该设备估计可收回金额为 250 000 元，预计尚可使用年限为 2 年，预计净残值不变，仍采用直线法计提折旧。为简化核算，假设按年计提折旧。

要求：

（1）计算 2006—2009 年每年的折旧额，并做出会计分录。

（2）计算 2009 年应计提的固定资产减值准备，并做出会计分录。

（3）计算 2010 年应计提折旧额。

（五）案例分析题

红星公司于 2005 年 7 月 1 日以 180 万元的价格购入一项专利权，全部款项已由银行存款支付。专利权的预计使用寿命为 6 年。2007 年 12 月 31 日由于市场技术条件发生较大变动，红星公司判断该专利权发生减值，经过减值测试，专利权的公允价值为60 万元，预计未来现金流量的现值为 48 万元。红星公司认为，专利权的预计未来现金流量的现值低于公允价值，所以专利权的可收回金额为 48 万元，并以此为依据计提了无形资产减值准备 57 万元。2009 年 12 月 31 日，由于市场技术条件发生较大变动，红星公司预计专利权的可收回金额为 72 万元，因此将已计提的无形资产减值准备 57 万元全部转回。

问题：红星公司对专利权减值的计算和会计处理是否正确，为什么？

提示：《企业会计准则第 8 号——资产减值》第六条，资产存在减值迹象的，应当估计其可收回金额，可收回金额应当根据资产的公允价值减去处置费用后的净额与资产预计未来现金流量的现值二者之间较高者确定；第十七条，资产减值损失一经确认，在以后会计期间不得转回。

第十章 负债

一、教学案例

1. 背景

（1）母公司——幸福集团

1978年，从武汉学得一身裁缝手艺的周作亮回到湖北省潜江地区张金镇幸福村，带着7个学徒开起了幸福服装厂，当年创下了2万元产值，盈利5 000元，上交村里300元。1995年，幸福服装厂创利超过3 000万元，周作亮由此跻身全国优秀农民企业家行列。1996年，幸福服装厂整体改制为湖北幸福（集团）实业股份有限公司，在上海证券交易所挂牌上市。"幸福实业"一出生，就与"幸福集团"是两块牌子、一套班子。到1998年年底，幸福集团属下有22家工商企业，总资产为257亿元，成为湖北省最大的乡镇企业。

1992年，幸福集团控股成立了湖北潜江市幸福城市信用社，在潜江市高息揽储，并在武汉吸收1年期存款达94亿元，涉及储户7万多人，其承诺的最高年利率为20%。1995年，幸福集团兴建电厂、铝厂、变电站等耗资15亿元的"三大工程"，而此时，幸福集团的年产值仅有五六亿元。1999年3月3日，幸福城市信用社出现了一场持续时间长达6个月的挤兑风潮。经国务院批准，央行宣布从1999年3月17日起，对幸福城市信用社实行为期6个月的停业整顿。1998年，幸福集团因非法高息揽储遭挤兑而陷入瘫痪，其所持有的幸福实业股权被抵押给湖北国际信托投资公司；同时也将大股东的位置拱手相让。1999年，幸福实业上市后首次出现年度亏损。

（2）子公司——幸福铝厂

1994年，幸福铝厂成立，注册资金为1亿元人民币。幸福实业的前身幸福服装厂出资4 300万元，占43%的股份；幸福集团和香港恒丰装饰工程公司分别持有32%和25%的股份。1998年幸福实业实施配股，幸福集团以湖北幸福铝材有限公司的32%的权益进行了认购，把32%的股权转让给幸福实业。经过这次转让，幸福集团公司不再占有股权，但同时，幸福集团受让了香港恒丰公司所持有的幸福铝材有限公司25%的股权，再次成为该公司股东。但在1998年11月，幸福集团又将这部分股权转让给了幸福实业，这样幸福实业对电力公司的权益增加到100%，但两次股权转让均没办理工商变更手续。

2000年，在没有任何公告说明的情况下，湖北幸福铝材有限公司的名字在ST幸福的信息披露中变成了幸福集团铝材厂。据湖北省工商行政管理部门的资料，湖北幸福铝材有限公司的工商登记依然为中外合资企业，出资中方依然为幸福集团公司。一家企业拥有了两个名字、两种所有权。一方面，ST 幸福在形式上拥有铝材公司 100% 的权益，每年可以去合并财务报表，获取名义上的收益；而另一方面，幸福集团又实质拥有铝材公司，这就是幸福集团之所以能够将股份公司非常重要的一部分经营性资产抵押的原因。

（3）子公司——幸福电厂

1996 年，幸福实业将上市募集的资金与幸福集团合资兴建幸福集团电力公司，占有 80% 的股权。到了 1997 年 9 月，幸福实业一届五次董事会决议受让幸福集团所持有的幸福集团电力公司 20% 的股权，幸福集团电力公司因此成为幸福实业的全资企业。但这 20% 股权的转让，至今未在有关部门登记，致使权属不明。

2. ST 幸福担保诉讼的预计负债估计

2001 年年初，湖北国投所持有的幸福实业股权被分拆拍卖，北京名流投资集团有限公司以每股 0.67 元竞得其中 6 000 万股，以 4 000 万元的代价持有了幸福实业总股本中 19.18% 的股份，成为幸福实业第一大股东。2001 年 2 月 21 日，幸福股份因连续两年亏损且最近一个会计年度每股净资产低于股票面值，股票被实行特别处理，称为 ST 幸福。2002 年 4 月，公司 2001 年年报亮相，亏损 2 415 万元。同年 4 月 30 日，ST 幸福因连续三年亏损而暂停上市，称为 *ST 幸福。公司 2002 年半年度报告中显示，其 1—6 月实现主营业务收入 13 216 万元，实现主营业务利润 629 万元，净利润 163 万元。2002 年 7 月 26 日，*ST 幸福提交恢复上市申请。2002 年 9 月 3 日，经过上海证券交易所专家委员会的裁定，ST 幸福恢复上市。2003 年 4 月 30 日，ST 幸福公布的 2002 年年报称，实现净利润 50 万元。由于会计师在年报中出具解释性说明，因而股票停牌，ST 幸福再次等待上海证券交易所专家委员会的裁决。

根据 ST 幸福 2002 年年报会计师出具的解释性说明，祸根来自当年幸福集团利用上市公司所做的抵押担保。1997 年 12 月，幸福集团与湖北省潜江农村信用社（后并入潜江农行）签订了 5 份最高额抵押担保贷款合同，以 ST 幸福、幸福集团铝材厂和幸福集团电力公司当时评估总价值为 22 788.51 万元的财产作为抵押，为幸福集团 1 492 万元贷款提供担保。在 2000 年年报中，公司按抵押贷款本息加上预计律师费、诉讼费共 21 306 万元的 30% 计提预计负债 6 391 万元，列入营业外支出。名流集团入主之后，当然不愿意为前任大股东背上黑锅。ST 幸福就此对抵押担保的合法性提出异议，并于 2001 年 6 月向汉江中级人民法院提起诉讼。潜江农行也以汉江中院无管辖权为由向湖北高院提起上诉，同时以幸福集团、ST 幸福及所属电力公司、铝材厂为被告，以四份合同为依据向湖北高院提起诉讼。湖北高院认为，最高额抵押合同不发生效力，电力公司、股份公司、铝材厂不承担担保责任，潜江农行关于担保人应承担担保责任的诉讼请求，因无事实和法律依据而不能成立，并依法予以驳回。潜江农行不服，向最高人民法院提出上诉，最高人民法院于 2002 年 12 月 24 日终审判决：幸福集团必须偿还潜江农行借款本金 17 492 万元，同时支付潜江农行上项借款本金的利息。潜江农行有权在 9 500 万元、5 792 万元范围内分别以幸福集团电力公司、幸福集团铝材厂设定的抵押财产折价或者以拍卖、变卖该财产的价款优先受偿；在潜江农行实现抵押权后，幸福集团电力公司、幸福集团铝材厂有权向幸福集团公司追偿。ST 幸福对幸福集团公司 2 200 万元的债务在其不能清偿的范围内承担 50% 的赔偿责任。

另外，1998 年 11 月，温州国际信托投资公司（以下简称"温州信托"）、湖北省国际信托投资公司（以下简称"湖北信托"）、幸福集团及 ST 幸福 4 方签订"债权债务转让协议"，约定湖北信托对幸福集团 360 万美元的债权转让给温州信托，ST 幸福对幸福集团履行该项债务，承担不可撤销的连带保证责任。因幸福集团逾期未偿还债务，温州信托起诉幸福集团和 ST 幸福，起诉标的为 3 700 万元。由于此事项已经严重影响公司的生产经营，公司可能负部分责任，于是 ST 幸福按温州信托起诉的 3 700 万元的 30% 计提预计负债 1 110 万元，列入营业外支出。

2002 年 9 月 9 日，ST 幸福收到了最高人民法院的判决书，该判决书对公司与温州信托、幸福集团公司 360 万美元债权债务转让担保合同纠纷案作出终审判决。最高人民法院终审判决维持湖北省高院的判决，幸福集团偿付温州信托欠款本金 360 万美元及其利息，并承担部分一审案件受理费、诉讼保全费；公司对幸福集团公司不能偿还本案债务部分在 50% 的范围内承担赔偿责任。

ST 幸福 2002 年实现净利润 50 万元，缓解了 ST 幸福因连续四年亏损而面临退市的危机，这其中的关键在于 ST 幸福对上述两项大额预计负债的会计处理。对于这两笔赔款，ST 幸福曾经在 2001 年分别计提预计负债 1 100 万元和 6 394.94 万元。最高人民法院判决下达后，导致的预计负债估计 16 459 万元差额应当如何处理？是补提负债进入当期的"营业外支出"，还是追溯调整？这对 ST 幸福 2002 年报表至关重要：如果是进入当期损益，则退市成定局；如果是追溯调整，则盈利有可能。

为了避免退市，ST 幸福主动承认自己在 2001 年年末计提预计负债时"未合理预计损失"。理由有：其一，担保事项是一个以前年度的历史旧账，可以作为以前年度损益调整；其二，两级法院的不同结论是造成重大会计差错的前提；其三，从事实结论看，原会计处理已属于重大会计差错；其四，重大会计差错，首先必须是金额十分巨大，1.7 亿元所谓"担保贷款"，本身就很"重大"。于是，ST 幸福按照《关于执行企业会计制度和相关会计准则有关问题解答（二）》的规定处理，对此实施追溯调整，从而保住了 2002 年报表的盈利。

3. 人们的不同解释和说明

资本市场中一些分析人士认为，财政部 10 号文规定追溯调整的前提是"滥用会计估计"，ST 幸福在 2001 年年末对这两笔诉讼按照标的额的 30% 计提预计负债，有湖北高院一审判决胜诉的依据，而且有律师、会计师等众多中介机构的证明，具有合理性，当终审判决与之存在差异时，不应进行追溯调整，而应该计入 2002 年当期，列为营业外支出。如果这样，其 2002 年年报应该以巨亏报收，从而以连续四年亏损直接退市。

2003 年 4 月 28 日，ST 幸福董事会对审计报告解释性说明段落所涉事项作出公告，说明湖北大信会计师事务有限公司为本公司 2002 年度财务报告出具了无保留带解释性说明的审计报告，公司董事会对所涉事项说明如下：

（1）审计报告所述本公司及全资子公司幸福集团电力公司、幸福集团铝材厂与农行潜江市支行抵押担保借款合同纠纷一案已经最高人民法院终审判决，按照终审判决结果，本公司合计应承担 16 392 万元的连带赔偿责任。对于该事项本公司已于以前年度计提预计负债 6 391.94 万元，根据终审判决结果本公司补提预计负债 10 000.06 万元，全部作以前年度调整，并将预计负债转入其他应付款。

（2）审计报告所述本公司与温州国际信托投资公司 360 万美元债权债务转让担保合同纠纷一案已经最高人民法院终审判决，按照判决结果，本公司合计应承担 1 934.83 万元的赔偿责任。对该事项本公司已在以前年度计提预计负债 1 110 万元，本期补提预计负债 824.83 万元，全部作以前年度调整，并将预计负债转入其他应付款。

按照最终审判的结果，上述两项担保诉讼案本公司合计承担 18 326.83 万元的连带赔偿责任。此前在 2000 年，本公司在掌握已知实际情况下作出了与实际事实严重不符的会计估计，对两项担保诉讼案只预计负债 501.94 万元。2001 年在原告继续上诉，最高人民法院已经受理的情况下，本公司作出了与事实严重不符的判断，会计处理上未作任何计提，会计估计严重不足，从而出现重大会计差错，导致实际担保诉讼损失与以前年度预计负债产生了巨大的差额。按照企业会计制度和财政部有关文件精神，对于报告期补提的预计负债 10 824.89 万元，公司应按照重大会计差错更正的方法进行会计处理，全部作以前年度调整，并将预计负债转入其他应付款。虽然两件诉讼案不影响本公司 2002 年度的利润状况，但对本公司财务状况和生产经营产生重大影响，本公司净资产值出现负数，经营性资产有可能因执行判决结果而丧失，对此本公司将最大限度地谋求债务问题解决的办法与途径。

（3）本公司于 1998 年 8 月实施配股，原第一大股东幸福集团公司以其持有的幸福铝材有限公司 32% 的股权相应的经营性净资产认配了配股权。1998 年 11 月，幸福集团公司与本公司签订"股权转让合同"，幸福集团公司将持有幸福铝材有限公司 25% 的股权转让给本公司，幸福铝材有限公司成为本公司的全资子公司。1997 年 9 月，本公司受让幸福集团公司对幸福集团电力公司 20% 的股权，幸福集团电力公司成为本公司的全资子公司。由于以上资产与农行潜江市支行抵押担保合同纠纷一案有关，且最高人民法院已终审判决本公司败诉，因此，上述股权尚无法办理变更登记手续。但是，上述两家企业均归本公司生产经营与管理。

同时，ST 幸福向证券监督管理委员会提交了湖北大信会计师事务所形成的一份"关于对湖北幸福实业股份有限公司 2002 年度会计报表出具无保留带解释性说明审计报告的说明"。结论是："基于以上理解，股份公司在 2002 年的年报中，拟将此事项作为重大会计差错，并调整期初留存收益……从事实的基本面出发，从有利于经济发展出发，从维护社会稳定出发，我们认为股份公司对该担保败诉事项的会计处理按照《关于执行企业会计制度和相关会计准则有关问题解答（二）》的规定处理，即按重大会计差错更正的办法处理是不违规的。"

2003 年 6 月 3 日，财政部办公厅专门复函公司，对于这种处理方法予以认同。随后，上海证券交易所专家委员会也因这项会计处理符合国家会计主管部门专门对此问题所作复函的精神为由，同意公司股票复牌。2003 年 9 月 15 日，ST 幸福得以复牌交易而"重获幸福"，且一连三天涨停，此事在证券界、注册会计师界引发强烈反响。

问题思考：

（1）本案例中，ST 幸福的 2.5 亿元资产被大股东幸福集团私自拿去抵押，公司居然在长达 3 年的时间里不知情，并且被抵押的这部分资产几乎是幸福实业当时全部的经营性资产，这说明了什么？

（2）在资本市场中，上市公司应当如何估计涉及诉讼事项的预计负债？

（3）你认为本案例中担保败诉导致的补提负债应当进入当期的"营业外支出"还是追溯调整？

（4）如果注册会计师对上市公司的年报发表了非标准审计报告，监管者应当如何利用这种信息？

二、作业与思考题

（一）名词解释

1. 负债；2. 债务重组

（二）填空题

1. 应付职工薪酬的内容包括 _____ 、 _____ 、 _____ 、 _____ 、 _____ 、 _____ 、 _____ 、 _____ 。

2. 预计负债的的确认条件：（1）_____ 、（2）_____ 、（3）_____ 。

3. 借款费用的内容有_____ 、_____ 、_____ 和_____ 。

4. 债务重组的方式包括_____ 、_____ 、_____ 和_____ 。

（三）选择题

1. 下列各项中，应通过"应付职工薪酬"科目核算的有（　　）。
   A. 基本工资　　　　　　　　B. 经常性奖金
   C. 养老保险费　　　　　　　D. 以现金结算的股份支付

2. 下列属于职工薪酬中所说的职工的是（　　）。
   A. 全职、兼职职工　　　　　B. 董事会成员
   C. 内部审计委员会成员　　　D. 劳务用工合同人员

3. 如果债券发行费用大于发行期间冻结资金所产生的利息收入，按其差额应该计入的科目有（　　）。
   A. 财务费用　　B. 在建工程　　C. 管理费用　　D. 长期待摊费用

4. 企业发行公司债券的方式有（　　）。
   A. 折价发行　　　　　　　　B. 溢价发行
   C. 面值发行　　　　　　　　D. 在我国不能折价发行

5. 企业发行的应付债券产生的利息调整，每期摊销时可能计入的账户有（　　）。
   A. 在建工程　　　　　　　　B. 长期待摊费用
   C. 财务费用　　　　　　　　D. 待摊费用
   E. 应收利息

6．"预收账款"科目贷方登记（　　　）。

    A．预收货款金额

    B．企业向购货方发货后冲销的预收货款的数额

    C．退回对方多付的货款

    D．购货方补付的货款

7．对于营业税来说，工业企业在核算时可能借记的科目有（　　　）。

    A．营业税金及附加　　　　　　　　B．销售费用

    C．固定资产清理　　　　　　　　　D．其他业务成本

8．下列税金中，不考虑特殊情况时，会涉及抵扣情形的有（　　　）。

    A．一般纳税人购入货物用于生产所负担的增值税

    B．委托加工收回后用于连续生产应税消费品

    C．取得运费发票的相关运费所负担的增值税

    D．从小规模纳税人购入货物取得普通发票的增值税

9．按照规定，可以计入到营业税金及附加科目的税金有（　　　）。

    A．土地增值税　　　　　　　　　　B．消费税

    C．城市维护建设税　　　　　　　　D．土地使用税

    E．营业税

10．下列税金中，应该计入在建工程或固定资产成本的有（　　　）。

    A．耕地占用税　　B．车辆购置税　　C．契税　　　　　D．土地增值税

11．下列属于应该计入到管理费用科目的税金有（　　　）。

    A．城市维护建设税　　　　　　　　B．矿产资源补偿费

    C．车船使用税　　　　　　　　　　D．土地使用税

12．下列业务中，企业通常视同销售处理的有（　　　）。

    A．销售代销货物

    B．在建工程领用企业外购的库存商品

    C．企业将自产的产品用于集体福利

    D．在建工程领用企业外购的原材料

    E．企业将委托加工的货物用于投资

13．长期借款所发生的利息支出、汇兑损失等借款费用，可能计入以下科目的有
（　　　）。

    A．开办费　　　　　　　　　　　　B．长期待摊费用

    C．财务费用　　　　　　　　　　　D．管理费用

    E．在建工程

14．下列属于长期应付款核算内容的是（　　　）。

    A．以分期付款方式购入固定资产、无形资产等发生的应付款项

    B．应付融资租赁款

    C．矿产资源补偿费

    D．职工未按期领取的工资

E. 采用补偿贸易方式引进国外设备发生的应付款项

15. 下列事项中，属于或有事项的有（　　　　）。

A. 对债务单位提起诉讼　　　　B. 对售出商品提供售后担保

C. 代位偿付担保债务　　　　　D. 为子公司的贷款提供担保

E. 亏损合同

16. 甲公司应收乙公司货款 800 万元。由于乙公司财务困难，双方同意按 600 万元结清该笔货款。甲公司已经为该笔应收账款计提了 300 万元坏账准备。以下甲公司和乙公司的会计处理正确的是（　　　）。

A. 甲公司应收账款与实际收款之差的 200 万元计入营业外支出

B. 甲公司应收账款与实际收款之差的 200 万元冲减减值准备后，将剩余 100 万元减值准备转回并调整资产减值损失

C. 甲公司在重组当期没有债务重组损失

D. 乙公司重组债务账面价值与实际付现之差的 200 万元计入营业外收入

E. 乙公司重组债务账面价值与实际付现之差的 200 万元计入资本公积

17. 下列项目中，属于借款费用应予资本化的资产范围的有（　　　　）。

A. 经过相当长时间的购建达到预定可使用状态的投资性房地产

B. 需要经过相当长时间的生产活动才能达到销售状态的存货

C. 经营性租赁租入的生产设备

D. 经过相当长时间自行制造的生产设备

E. 经过 1 个月即可达到预定可使用状态的生产设备

18. 企业发生的各种借款费用，根据不同的情况，可能借记的会计科目有（　　　　）。

A. 财务费用　　　　　　　　　B. 在建工程

C. 长期待摊费用（开办费）　　D. 管理费用

（四）业务题

1. 乙公司为增值税一般纳税企业，本月将本企业某售价为 2 000 元、成本为 1 600 元的电子产品放给 50 名车间员工；为 2 名车间主任各配备一辆轿车，每月计提折旧 1 000 元；为总经理租赁一套公寓免费使用，月租金为 5 000 元。

要求：编制乙公司有关会计处理分录。

2. 甲公司为增值税一般纳税人，适用的增值税税率为 17%，材料采用按实际成本进行日常核算。该公司 2007 年 4 月 30 日"应交税费——应交增值税"科目借方余额为 4 万元，该借方余额均可用下月的销项税额抵扣。5 月份公司发生如下涉及增值税的经济业务：

（1）购买原材料一批，增值税专用发票上注明价款为 60 万元，增值税额为 10.2 万元，公司已开出承兑的商业汇票。该原材料已验收入库。

（2）用原材料对外长期投资，双方协议按成本作价。该批原材料的成本为 36 万元，计税价格为 41 万元，应交纳的增值税额为 6.97 万元。

（3）销售产品一批，销售价格为20万元（不含增值税额），实际成本为16万元，提货单和增值税专用发票已交购货方，货款尚未收到。该销售符合收入确认条件。

（4）在建工程领用原材料一批，该批原材料实际成本为30万元，应由该批原材料负担的增值税额为5.1万元。

（5）因意外火灾毁损原材料一批，该批原材料的实际成本为10万元，增值税额为1.7万元。

（6）用银行存款交纳本月增值税2.5万元。

要求：

（1）编制上述经济业务相关的会计分录（"应交税费"科目要求写出明细科目及专栏名称）。

（2）计算甲公司5月份发生的销项税额、应交增值税额和应交未交的增值税额。

3. 甲公司20×4年6月30日从银行借入资金1 000 000元，用于购置大型设备。借款期限为2年，年利率为10%（假定实际利率与合同利率一致），到期一次还本付息。款项已存入银行。

20×4年7月1日，甲公司收到购入的设备，并用银行存款支付设备价款840 000元（含增值税）。该设备安装调试期间发生安装调试费160 000元，于20×4年12月31日投入使用。该设备预计使用年限为5年，预计净残值率为5%，采用双倍余额递减法计提折旧。

20×6年6月30日，甲公司以银行存款归还借款本息1 200 000元。

20×6年12月31日，甲公司因转产，将该设备出售，收到价款450 000元，存入银行。另外，甲公司用银行存款支付清理费用2 000元。（不考虑借款存入银行产生的利息收入）

要求：

（1）计算该设备的入账价值。

（2）计算该设备20×5年度、20×6年度应计提的折旧费用。

（3）编制20×5年年末应计借款利息的会计分录。

（4）编制归还借款本息时的会计分录。

（5）编制出售该设备时的会计分录。

4. 甲公司于2008年1月1日发行5年期、一次还本、分期付息的公司债券，每年12月31日支付利息。该公司债券票面利率为5%，面值总额为300 000万元，发行价格总额为313 347万元；支付发行费用120万元，发行期间冻结资金利息为150万元。假定该公司每年年末采用实际利率法摊销债券溢折价，实际利率为4%。

要求：计算甲公司2009年12月31日应付债券的账面余额。

5. 某公司2007年1月1日按每份面值1 000元发行了2 000份可转换债券，取得总收入200万元。该债券期限为3年，票面年利率为6%，利息按年支付；每份债券均可在债券发行1年后转换为250股该公司普通股。该公司发行该债券时，二级市场上与之类似但没有转股权的债券的市场利率为9%。2008年4月1日有1 000份债券转股，假定不考虑其他相关因素，每年以年初数作为各期期初数。

要求：

（1）确认负债和权益的初始价值。

（2）做出发行、转股等会计处理。

6. 2002 年 12 月 1 日，甲公司因其产品质量问题对李某造成人身伤害，被李某提起诉讼，要求赔偿 200 万元，至 12 月 31 日，法院尚未作出判决。甲公司预计该项诉讼很可能败诉，赔偿金额估计在 100 万 ~150 万元之间，并且还需要支付诉讼费用 2 万元。考虑到公司已就该产品质量向保险公司投保，公司基本确定可从保险公司获得赔偿金 50 万元，但尚未获得相关赔偿证明。

要求：做出相关会计处理。

7. 甲公司于 2007 年 1 月 1 日从建行借入三年期借款 1 000 万元用于生产线工程建设，年利率为 8%，利息按年支付。其他有关资料如下：

（1）工程于 2007 年 1 月 1 日开工，甲公司于 2007 年 1 月 1 日支付给建筑承包商乙公司 300 万元。2007 年 1 月 1 日~3 月末，该借款闲置的资金取得的存款利息收入为 4 万元。

（2）2007 年 4 月 1 日工程因纠纷停工，直到 7 月 1 日继续施工。第二季度取得的该笔借款闲置资金存款利息收入为 4 万元。

（3）2007 年 7 月 1 日又支付工程款 400 万元。第三季度，甲公司用该借款的闲置资金 300 万元购入交易性证券，获得投资收益 9 万元，已存入银行。

（4）2007 年 10 月 1 日，甲公司从工商银行借入流动资金借款 500 万元，借期为 1 年，年利率为 6%。利息按季度支付。10 月 1 日甲公司支付工程进度款 500 万元，工程占用了该笔流动资金。

（5）至 2007 年年末该工程尚未完工。

要求：

（1）判断专门借款在 2007 年的资本化期间。

（2）按季计算 2007 年与工程有关的利息、利息资本化金额，并进行账务处理。

8. 甲公司从乙公司购入原材料 50 万元（含税），由于财务困难无法归还，2006 年 12 月 10 日进行债务重组。

重组协议规定，甲公司用银行存款清偿 10 万元。公司另外用一辆汽车抵偿债务。该汽车原值为 15 万元，已提折旧 5 万元，公允价值为 9 万元，未计提固定资产减值准备；同时约定，1 年后再支付 25 万元。甲公司已按债务重组协议将资产交付了乙公司。假设乙公司对应收账款已计提坏账准备 5 万元。

要求：做出甲公司（债务人）和乙公司（债权人）的会计处理。

（五）案例分析题

新宇机械厂建造一幢新厂房，20×1 年 3 月 1 日从建设银行取得专门借款 10 000 000 元，期限为 3 年，利率为 6.5%。新厂房的建设从 20×1 年 4 月 10 日开工并陆续发生各项支出。20×2 年 2 月 5 日，因款项迟迟不能到位，施工方停止了施工，直到 20×2 年 8 月 13 日才恢复施工。新厂房于 20×3 年 10 月 16 日完工，双方于 20×3 年 12 月 31 日办完竣工决算手续。20×4 年 5 月 1 日，新厂房投入使用。新宇机械厂对这笔专门借款的利息共计 1 950 000 元，全部计入了工程造价，形成了固定资产的价值。

问题：

1. 新宇机械厂对借款利息的会计处理是否正确，为什么？

2. 新宇机械厂这样处理的意图是什么？对其损益会产生什么影响？

3. 若这笔事项是 20×4 年 7 月 18 日在半年报审计时发现的，应当如何进行会计处理？

提示：《企业会计准则第 17 号——借款费用》第五条，借款费用只有同时满足以下三个条件时，才应当开始资本化：①资产支出已经发生；②借款费用已经发生；③为使资产达到预定可使用或者可销售状态所必要的购建或者生产活动已经开始。第十一条，符合资本化条件的资产在购建或者生产过程中发生的非正常中断且中断时间连续超过 3 个月的，应当暂停借款费用的资本化；在中断期间发生的借款费用应当确认为费用，计入当期损益，直至资产的购建或者生产活动重新开始；如果中断是所购建或者生产的符合资本化条件的资产达到预定可使用或者可销售状态必要的程序，借款费用的资本化应当继续进行。

第十一章　所有者权益

一、教学案例

（一）增发新股运动

中国证券市场似乎有取之不尽、用之不竭的资本源泉。自 2001 年开始，一场以增发 A 股的圈钱运动在证券市场上展开。以 2001 年为例，第一季度有 14 家公司实施了增发，3 月 25 日至 6 月 1 日，先后有 66 家公司提出增发方案，也就是说，不到半年时间，增发新股的上市公司多达 80 家。而 2000 年全年增发新股的上市公司还不到 20 家。更有甚者，一些在年报中提出配股的企业，趁配股方案还未审议，在股东大会召开之际，由大股东以临时提案的方式对配股预案予以否决，为增发铺平道路。如福日股份董事会提交的配股预案在 2001 年上半年召开的股东大会上遭到否决，投反对票的大股东福日集团认为，根据新出台的《上市公司新股发行管理办法》，公司更符合增发条件。有的公司年报出得比较早，股东大会也已经开毕，但为了多圈钱，不惜枪毙已经通过的配股预案，由董事会重新提出增发方案。如南京中达，在 2001 年 2 月底股东大会已经通过了按法人股东认购 200 万股，公众股东认购 1 550 余万股，配股价在 13～17 元的配股方案，但在新政策出来后，公司立即见机行事，把握赐圈钱良机，弃配改增。按配股计划，中达公司募集资金充其量不过 2.5 亿元；改成增发之后，公司计划增发不超过 4 500 万股 A 股，圈钱计划迅速增加到 6.8 亿元，为原来的 2.72 倍。公司刚于 2000 年 3 月配股募集到 4 000 多万元的友谊股份，又蠢蠢欲动拟增发 5 000 万股 A 股，一次募集资金 7 亿元，为上年配股实际筹资的 17.5 倍。最为大手笔的是申能股份，一次增发就从投资人手中募集到现金 29 亿元。

截止到 2000 年上半年，已经有 16 家公司实施了增发，筹资总额为 162.45 亿元，平均每家公司通过增发筹资 10.15 亿元，这大大高于 36 家新发行上市公司和 65 家配股公司平均每家筹资 6.06 亿元和 3.67 亿元的水平。按此测算，如果 66 家公司均获准增发，将要圈走资金近 700 亿元。

除此之外，为数众多的 B 股上市公司也纷纷提出增发 A 股，如张裕 B、晨鸣 B、振华 B、鲁泰 B、京东方 B、茉织 B、鄂绒 B 和本钢 B 等多家提出或已经完成了增发 A 股的工作。

而香港红筹国企股也在积极寻求到内地融资的机会，如中国移动、上海实业、中国联通等已经明确表示考虑以 CDR（中国预托证券）方式进入 A 股市场。H 股在内地发行 A 股已经有了先例，如在香港上市的中石化，它已经成为中国证券市场上第一家一次募集资金超过 100 亿元的境内上市公司。但是红筹股作为在境外注册的公司发行 A

股还有政策障碍，因为按照有关规定，只有在内地注册的企业才能在内地上市。

（二）增发新股的会计探讨

为了从会计角度进一步探讨增发新股的技术处理和公司热衷于增发新股的原因，我们以一家虚拟公司为例。如某上市公司总股本为 3 个亿，流通股本为 12 000 万股，第一大股东所持有的法人股也是 12 000 万股。目前该公司每股净资产为 2 元，二级市场股价为每股 15 元。现在宏达公司愿入驻该上市公司，以每股 2.3 元的价格收购第一大股东 12 000 万股法人股。该股票在 3 个月后股价上升至每股 25 元，此时该上市公司决定以每股 20 元的价格增发 7 500 万股新股，而作为第一大股东的宏达则放弃认购新增股票。增发新股后，宏达再以同样的法则进行法人股转让。

案例思考：

1. 为什么各种公司对增发 A 股有如此强烈的兴趣？

2. 宏达转让其拥有的 12 000 万股法人股，其市场价格至少可以达到多少？

3. 宏达公司转让法人股的盈利或亏损是如何形成的？

4. 试从本例宏达公司的角度分析我国上市公司热衷于再筹资的根源。

5. 你能再举一两个例子说明此类经济现象吗？

6. 探讨对此类现象的治理对策。

二、作业与思考题

（一）名词解释

1. 所有者权益；2. 未分配利润；3. 股票分割

（二）填空题

1. 所有者权益通常由：_____、_____和_____构成。

2. 与独资企业、合伙企业相比，公司有以下特征：（1）_____；（2）_____；（3）_____；（4）_____。

3. 企业分派的股利类型主要有：（1）_____；（2）_____；（3）_____；（4）_____；（5）_____。

（三）选择题

1. 某上市公司发行普通股 1 000 万股，每股面值 1 元，每股发行价格为 5 元，支付手续费 20 万元，支付咨询费 60 万元。该公司发行普通股计入股本的金额为（　　）万元。

　　A. 1 000　　　　B. 4 920　　　　C. 4 980　　　　D. 5 000

2. 对有限责任公司而言，如有新投资者介入，新介入的投资者缴纳的出资额大于其按约定比例计算的其在注册资本中所占的份额部分，应计入（　　）科目。

　　A. 实收资本　　B. 营业外收入　　C. 资本公积　　D. 盈余公积

3. 甲股份有限公司委托乙证券公司发行普通股，股票面值总额为 4 000 万元，发行总额为 16 000 万元，发行费按发行总额的 2% 计算（不考虑其他因素），股票发行净收入全部收到。甲股份有限公司该笔业务记入"资本公积"科目的金额为（　　　）万元。

    A. 4 000   B. 11 680   C. 11 760   D. 12 000

4. 下列项目中，可能引起资本公积变动的有（　　　）。

    A. 计入所有者权益的利得   B. 计入当期损益的利得

    C. 用资本公积转增资本   D. 处置采用权益法核算的长期股权投资

5. 某企业年初未分配利润贷方余额为 200 万元，本年实现净利润 1 000 万元，按净利润的 10% 提取法定盈余公积，提取任意盈余公积 50 万元。该企业年末可供分配利润为（　　　）万元。

    A. 1 200   B. 1 100   C. 1 050   D. 1 000

6. 下列各项中，不会引起留存收益变动的有（　　　）。

    A. 盈余公积补亏   B. 计提法定盈余公积

    C. 盈余公积转增资本   D. 计提任意盈余公积

（四）业务题

1. 乙有限责任公司于设立时收到 B 公司作为资本投入的原材料一批，该批原材料投资合同或协议约定价值（不含可抵扣的增值税进项税额部分）为 100 000 元，增值税进项税额为 17 000 元。B 公司已开具了增值税专用发票。假设合同约定的价值与公允价值相符，该进项税额允许抵扣，不考虑其他因素。

要求：编制乙有限责任公司有关会计处理分录。

2. A 有限责任公司由两位投资者投资 200 000 元设立，每人各出资 100 000 元。一年后，为扩大经营规模，经批准，A 有限责任公司注册资本增加到 300 000 元，并引入第三位投资者。按照投资协议，新投资者需缴入现金 110 000 元，同时享有该公司三分之一的股份。A 有限责任公司已收到该现金投资。假定不考虑其他因素。

要求：编制 A 有限责任公司有关会计处理分录。

3. B 股份有限公司首次公开发行了普通股 50 000 000 股，每股面值 1 元，每股发行价格为 4 元。B 公司以银行存款支付发行手续费、咨询费等费用共计 6 000 000 元。假定发行收入已全部收到，发行费用已全部支付，不考虑其他因素。

要求：编制 B 股份有限公司有关会计处理分录。

4. C 有限责任公司于 2002 年 1 月 1 日向 F 公司投资 8 000 000 元，拥有该公司 20% 的股份，并对该公司有重大影响，因而对 F 公司长期股权投资采用权益法核算。2002 年 12 月 31 日，F 公司净损益之外的所有者权益增加了 1 000 000 元。假定除此以外，F 公司的所有者权益没有变化，C 有限责任公司的持股比例没有变化，F 公司资产的账面价值与公允价值一致，不考虑其他因素。

要求：编制 C 有限责任公司有关会计处理分录。

5. D 股份有限责任公司年初未分配利润为 0，本年实现净利润 2 000 000 元，本年提取法定盈余公积 200 000 元，宣告发放现金股利 800 000 元。假定不考虑其他因素。

要求：编制 D 股份有限公司有关会计处理分录。

（五）案例分析题

2000 年，顾雏军投资的格林柯尔在中国香港创业板上市，一举融资 5.5 亿港币，并由此开始在内地资本市场翻云覆雨。自 2001 年起，顾雏军控制的格林柯尔系公司先后收购了广东科龙电器、美菱电器、亚星客车、ST 襄轴等多家上市公司，控制的总资产达到 130 多亿元。2005 年 1 月 20 日，顾雏军登上第二届"胡润资本控制 50 强"榜首。格林柯尔系是如何扩张的？下面讲两个小故事：

1. 顺德格林柯尔的身世

2001 年 10 月 1 日，顺德格林柯尔企业发展有限公司（以下简称"顺德格林柯尔"）成立，注册资本为 12 亿元人民币。顾雏军以 10.8 亿元出资额拥有 90% 的股权，包括以 1.8 亿元的货币和 9 亿元的知识产权出资。顾善鸿（顾雏军父亲）以货币出资 1.2 亿元拥有 10% 的股权。

当月，顺德格林柯尔收购科龙电器 20.6% 的股权。

2002 年 5 月 14 日，顾雏军从科龙电器划拨 1.87 亿元资金到设在天津的格林柯尔制冷剂（中国）有限公司（以下简称"天津格林柯尔"）的账户上，当日天津格林柯尔与顺德格林柯尔发生数额为 1.8 亿元、1.7 亿元、1.6 亿元、1.5 亿元的四笔资金对倒，合计为 6.6 亿元。顾雏军将此 6.6 亿元作为天津格林柯尔对顺德格林柯尔的现金出资；同时，顾雏军及顾善鸿原享有的货币出资 3 亿元也转给天津格林柯尔。随后，顺德格林柯尔变更工商登记，天津格林柯尔以货币出资 9.6 亿元人民币拥有 80% 股权，顾雏军则以其专利投入享有 20% 股权。

2. 江西格林柯尔的创业史——"资本包装术"的范本

江西格林柯尔于 2002 年 6 月 24 日成立。公司最初注册资本为 2 400 万美元，股东为天津格林柯尔和注册地在英属维尔京群岛的格林柯尔企业控股有限公司（以下简称"格林柯尔企业控股"）。两公司均为顾雏军私人所有的格林柯尔系公司。前者以现金 1 080 万美元入股，后者以 120 万美元现金外加一项专利入股，专利估值 1.26 亿元人民币（折合 1 521 万美元），其中 1 200 万美元作为注册资本。

一年后，格林柯尔企业控股的此项专利（名为"顾氏热力循环热工装置的工作介质"），被再度估值为 5.32 亿人民币，作为顾雏军个人出资，注入 2003 年 6 月成立的扬州格林柯尔创业投资有限公司（以下简称"扬州格林柯尔"）。

江西格林柯尔创立未久，第三家股东进入。这家股东为格林柯尔资本有限公司（以下简称"格林柯尔资本公司"），注册地为英属维尔京群岛，与格林柯尔企业控股同为顾雏军私人公司。2002 年 9 月，这家公司在南昌经济技术开发区获得 2 378 亩熟地，格林柯尔资本公司一次付清 476 万元土地出让金。当年 11 月，上述土地被估值为 4.71 亿元人民币，折合美元 5 689 万元，其作为格林柯尔资本公司对江西格林柯尔的注资，其中 5 100 万美元作为实收资本。

两年后的 2004 年 7 月，江西格林柯尔再次增资，新增资本来自格林柯尔企业控股，其同样以一项专利折资入股，作价 2 000 万美元，全部作为注册资本注入。

资料来源：

1. 刊登在 2005 年第 18 期《财经》上的《顾雏军全调查》的文章。

2. 刊登在 2005 年 10 月 26 日《第一财经日报》上的《证监会发布两万字权威报告揭示顾雏军八宗罪状》的文章。

问题：

1. 顺德格林柯尔的出资存在什么问题？为什么要变更工商登记？如果你是一个注册会计师，通过哪些审计手段可以查出这些错误？

2. 在江西格林柯尔的案例中，经过两次增资后，最终江西格林柯尔的实收资本和资本公积分别是多少？站在市场监管者的立场，你认为江西格林柯尔资本扩张过程中有哪些不合法的地方？

3. 实收资本对于公司的意义何在？顾雏军为什么要在顺德格林柯尔、江西格林柯尔的实收资本上做文章？

4. 在本案例中，你觉得顺德格林柯尔、江西格林柯尔资本扩张中出现的问题，相关责任应该由谁来承担？

5. 本案例对你未来的职业生涯有何启示？

第十二章　费用

一、教学案例

唐钢股份位丁河北省唐山市，主要产品为小型材、线材和焊管等，用于建筑行业和大型工程建设。该公司 2001 年生产过程中消耗大约 623 万吨铁矿石、231 万吨焦炭及其他辅料，生产钢材 374 万吨，销售区域集中于京津唐和东部沿海地区。这些原材料和产品均需要通过京山、京秦、大秦等铁路，京唐港、天津港、秦皇岛港口等港口及公路运输。

公司 1999—2001 年的利润表相关项目的对比如表 12 - 1 所示。

表 12 - 1　　　　　公司 1999—2001 年的利润表相关项目　　　　　单位：元

	1999	2000	2001
主营业务收入	5 726 211 024	6 946 615 674	8 083 244 254
主营业务成本	4 709 471 568	5 488 824 637	6 579 583 557
主营业务税金及附加	40 037 909	48 118 676	61 315 008
主营业务利润	976 701 547	1 397 375 101	1 442 345 689
营业费用	77 991 308	215 427 093	93 246 326
占收入比重（%）	1.36	3.10	1.15
管理费用	205 138 823	363 496 949	397 780 238
财务费用	120 346 706	121 058 295	131 799 268
营业利润	587 646 658	712 548 616	828 170 017

从公司 1999—2001 年的利润表相关项目的对比中可以看出，1999 年的营业费用占主营收入的 1.36%，到了 2000 年突然增加到 3.1%，而 2001 年又恢复到约 1% 的水平。

问题思考：

1. 如此巨幅的营业费用占比变化是怎么产生的？

2. 该变化对企业利润将构成怎样的影响？

二、作业与思考题

（一）名词解释

1. 费用；2. 生产成本

（二）填空题

1. 费用按照经济用途分类，可分为_____、_____、_____、_____和_____。

2. 通常的费用计量标准是_____。

3. 期间费用主要包括_____、_____。

4. 企业的产品成本项目一般包括_____、_____和_____。

（三）选择题

1. 企业为扩大销售市场发生的业务招待费，应当计入（   ）。

    A. 管理费用   B. 销售费用   C. 营业外支出   D. 其他业务成本

2. 下列各项中，不应计入管理费用的有（   ）。

    A. 总部办公楼折旧   B. 生产设备改良支出

    C. 经营租出专用设备的修理费   D. 专设销售机构房屋的修理费

3. 下列各项中，不应确认为财务费用的有（   ）。

    A. 企业筹建期间的借款费用   B. 资本化的借款利息支出

    C. 销售商品发生的商业折扣   D. 支付的银行承兑汇票手续费

4. 下列各项，属于期间费用的有（   ）。

    A. 董事会费   B. 行政管理人员劳动保险费

    C. 销售人员工资   D. 季节性停工损失

5. 下列各项中，不应计入销售费用的是（   ）。

    A. 已售商品预计保修费用

    B. 为推广新产品而发生的广告费用

    C. 随同商品出售且单独计价的包装物成本

    D. 随同商品出售而不单独计价的包装物成本

6. 常见的制造费用的分配方法有（   ）。

    A. 生产工时比例法   B. 生产工人工资比例法

    C. 预算分配率法   D. 代数分配法

（四）业务题

1. 某企业 2007 年度生产 A、B 两种产品，A 产品耗用工时 1 500 小时，B 产品耗用工时 3 000 小时，该会计年度共发生人工费用 9 000 元。

要求：计算 A、B 各应分配多少人工费用，并进行账务处理。

2. 某企业设有发电、修理两个辅助生产车间，本月发生的费用和提供的劳务数量如表 12 - 2 所示。

表 12 - 2　　　　　发电、修理车间本月发生的费用和提供的劳务数量

辅助生产车间	直接发生费用	提供劳务总量	劳务耗用情况				
			发电车间	修理车间	一车间	二车间	管理部门
发电车间	4 000 元	20 000 度	2 000 度	10 000 度	6 000 度	2 000 度	
修理车间	1 800 元	600 小时	100 小时		220 小时	160 小时	120 小时

要求：对该企业辅助生产费用采用直接分配法进行分配，并进行相关的账务处理。

（五）案例分析题

某上市公司 2005 年度会计报表显示，公司 2005 年度税前会计利润为 215.12 万元。该公司与集团公司协商，双方于 2001 年 1 月签订的"划分资产等方面的协议书"中，有关该上市公司每月按营业收入的 1.2% 向母公司支付管理费的条款，经双方一致同意本年停止执行，由此少列管理费用 1 529.43 万元。

问题：

1. 该上市公司的做法是否合法？

2. 请分析该上市公司这种行为的动机及对会计信息的影响？

第十三章　收入和利润

一、教学案例

2004 年 12 月 27 日，四川长虹发布"2004 年度预亏提示性公告"，其中提到"美国进口商 APEX 公司由于涉及专利费、美国对中国彩电反倾销等因素出现了较大亏损，全额支付公司欠款存在着较大困难。公司对美国突如其来的彩电反倾销、其他外国公司征收高额专利费的影响以及对 APEX 的应收账款可能会因前述影响产生的风险难以估计，据此，公司董事会决定按更为谨慎的个别认定法对该项应收账款计提坏账准备，按会计估计变更进行相应的会计处理。截至 2004 年 12 月 25 日，公司应收 APEX 账款余额为 46 750 万美元，根据对 APEX 公司现有资产的估算，公司对 APEX 公司应收账款可能收回的金额在 1.5 亿美元以上，预计最大计提金额有 3.1 亿美元左右"。同时公告又提到"由于 APEX 公司的应收账款的重点回款期在年底这一现实情况，导致了公司没有在 2004 年中期及第三季度（第三季度季报在 2004 年 10 月 29 日公告）对该项应收账款按更为谨慎的个别认定法计提坏账准备"。

2005 年 4 月 12 日，四川长虹在 2004 年年报中披露，对 APEX 公司的欠款按个别认定法计提坏账准备的金额为 313 814 980.60 美元，折合人民币 2 597 289 686.94 元。2004 年度四川长虹合并报表主营业务利润 1 633 720 341.52 元，净利润为亏损 3 681 120 380.21 元。

2000—2004 年度四川长虹净利润情况如表 13－1 所示。

表 13－1　　　　　　　2000—2004 年度四川长虹净利润

年度	净利润（元）
2004	－3 681 120 380.21
2003	205 738 036.39
2002	176 202 704.06
2001	84 028 013.73
2000	115 950 200.80

四川长虹历年来计提坏账准备的政策如表 13－2 所示。

表 13 - 2　　　　　　　　　　　四川长虹历来计提坏账准备的政策

账龄	计提比例（%）
1 年以内	0.00
1～2 年	10.00
2～3 年	30.00
3～4 年	50.00
4～5 年	80.00
5 年以上	100.00

根据四川长虹披露的 2004 年度年报，其与 APEX 公司的往来情况如表 13 - 3 所示。

表 13 - 3　　　　　　　　　　　四川长虹与 APEX 公司的往来情况

年度	销售（美元）	收款（美元）	余额（美元）
2001			41 842 483.00
2002	610 949 126.11	190 074 801.70	462 716 807.41
2003	424 424 014.62	349 896 993.47	537 243 828.56
2004	35 599 676.81	109 028 524.77	463 814 980.60

四川长虹从 2001 年开始到 2003 年，每年的应收账款都有较大幅度的上升，历年年报、中报披露如下：

2000 年年报中尚未披露 APEX 的应收账款。

2001 年年报中披露："应收账款 2001 年年末余额较 2000 年年末上升 58.27%，主要是本期出口采用信用证结算，信用证尚未到期，以及改变营销政策加大信用销售力度所致。"

2002 年年报中披露："应收账款 2002 年年末余额较 2001 年年末上升 46.51%，主要是本年度国外应收账款人幅上升所致。"另外，公司"截至 2003 年 3 月 10 日，已收回 APEX 货款 89 063 561.90 美元，另有 101 994 595.00 美元的票据正在托收过程中"。公司而在 2002 年中报中披露，"应收账款增加，是由于出口销售采用第三方保理信用销售方式，收款一般延后 6 至 9 个月"。

2003 年年报中披露："应收账款 2003 年年末余额较上年年末上升 20.36%，主要是由于本年度国外购货商如 APEX 等应收账款增加所致。"另外，公司"截至 2004 年 3 月 23 日，已收回应收账款前五名公司货款计 98 684 957.17 美元……其中收回 APEX 货款 66 063 881.12 美元"。（资料来源：四川长虹历年公告）

说明：APEX 也是中间商，它需要把商品卖给沃尔玛等北美大型超市，等到 APEX 收到钱后，再付钱给四川长虹。

问题思考：

1. 销售商品收入的确认条件有哪几个？四川长虹 2004 年针对 APEX 的销售收入确认是否满足这些条件？

2. 四川长虹是否可能（应该）早就知道全额收回 APEX 的应收账款是不可能的。

如果知道，那为什么在 2004 年之前，对 APEX 的销售收入，不采取其他的会计处理？

3. 四川长虹的外销政策从 2001 开始采用信用证结算到 2002 年采用第三方保理信用销售方式，收款一般延后 6～9 个月，从 2003 年开始不再披露出口销售的方式。这说明了什么？对该现象你怎么看？

4. 一般企业的出口销售，结算方式是怎样的？账龄一般是多少？

5. 你认为四川长虹卖商品给 APEX 公司的行为本质上属于哪一种销售方式？

6. 四川长虹和 APEX 公司的交易过程中，有哪些不足？

7. 如果把 3.1 亿美元的坏账分配到各自的年度，四川长虹可能会有怎样的结局？

二、作业与思考题

（一）名词解释

1. 收入；2. 利润；3. 建造合同；4. 资产的计税基础；5. 应纳税暂时性差异

（二）填空题

1. 销售商品收入同时满足下列 5 个条件的，才能予以确认：企业已将商品所有权上的主要风险和报酬转移给购货方、_____、_____、_____和_____。

2. 销售折扣包括_____和_____。

3. 建造合同包括_____和_____。

4. 在按照资产负债表债务法核算所得税的情况下，利润表中的所得税费用包括_____和递延所得税两个部分。

5. 可抵扣暂时性差异一般产生于以下情况：_____、_____。

（三）选择题

1. 下列各项中，符合收入会计要素定义，可以确认为收入的是（　　　）。
   A. 出售无形资产收取的价款　　　B. 出售固定资产收取的价款
   C. 出售原材料收到的价款　　　　D. 确认的政府补助利得

2. 企业对于已经发出但不符合收入确认条件的商品，其成本应借记的科目是（　　　）。
   A. 在途物资　　B. 发出商品　　C. 库存商品　　D. 主营业务成本

3. 某企业某月销售商品发生商业折扣 20 万元、现金折扣 15 万元、销售折让 25 万元。该企业上述业务计入当月财务费用的金额为（　　　）万元。
   A. 15　　　　B. 20　　　　C. 35　　　　D. 45

4. 企业跨期提供劳务的，期末可以按照完工百分比法确认收入的条件包括（　　　）。
   A. 劳务总收入能够可靠地计量　　B. 相关的经济利益能够流入企业
   C. 劳务的完成程度能够可靠地确定　D. 劳务总成本能够可靠地计量

5. 下列各项不影响工业企业营业利润的有（　　　）。

A. 计提行政管理人员工会经费　　　B. 发生的业务招待费

C. 收到退回的所得税　　　　　　　D. 处置固定资产取得的净收益

6. 下列各项应计入营业外收入的有（　　　）。

A. 原材料盘盈

B. 无法查明原因的现金溢余

C. 转让长期股权投资取得的净收益 D. 转让无形资产所有权取得的净收益

7. 下列各项中，应计入营业外支出的有（　　　）。

A. 无形资产处置损失　　　　　　　B. 存货自然灾害损失

C. 固定资产清理损失　　　　　　　D. 长期股权投资处置损失

8. 2007 年 1 月 1 日，甲公司采用分期收款方式向乙公司销售大型商品一套，合同规定不含增值税的销售价格为 900 万元，分两次于每年 12 月 31 日等额收取。假定在现销方式下，该商品不含增值税的销售价格为 810 万元，不考虑其他因素，甲公司 2007 年应确认的销售收入为（　　　）万元。

A. 270　　　　　　B. 300　　　　　　C. 810　　　　　　D. 900

9. 2004 年 7 月 1 日，某建筑公司与客户签订一项固定造价建造合同，承建一幢办公楼，预计 2005 年 12 月 31 日完工；合同总金额为 12 000 万元，预计总成本为 10 000 万元。截止到 2004 年 12 月 31 日，该建筑公司实际发生合同成本 3 000 万元。假定该建造合同的结果能够可靠地估计，2004 年度对该项建造合同确认的收入为（　　　）万元。

A. 3 000　　　　　B. 3 200　　　　　C. 3 500　　　　　D. 3 600

10. 下列有关建造合同的会计处理，正确的有（　　　）。

A. 建造合同结果能够可靠估计的，采用完工百分比法确认合同收入和合同费用

B. 建造合同结果不能可靠估计且合同成本不能收回的，按合同成本确认合同收入

C. 建造合同结果不能可靠估计且合同成本能够收回的，按合同成本确认合同收入

D. 建造合同结果不能可靠估计且合同成本不能收回的，合同成本在发生时计入费用

11. 大海公司 2006 年 12 月 31 日取得的某项机器设备，原价为 1 000 万元，预计使用年限为 10 年，会计处理时按照年限平均法计提折旧。税收处理允许加速折旧，大海公司在计税时对该项资产按双倍余额递减法计提折旧，预计净残值为零。计提了两年的折旧后，2008 年 12 月 31 日，大海公司对该项固定资产计提了 80 万元的固定资产减值准备。2008 年 12 月 31 日，该固定资产的计税基础为（　　　）万元。

A. 640　　　　　　B. 720　　　　　　C. 80　　　　　　D. 0

12. 大海公司当期发生研究开发支出 500 万元，其中研究阶段支出 100 万元，开发阶段不符合资本化条件的支出 120 万元，开发阶段符合资本化条件的支出 280 万元，假定大海公司当期摊销无形资产 10 万元。大海公司当期期末无形资产的计税基础为（　　　）万元。

A. 0   B. 270   C. 135   D. 405

13. A 公司于 2008 年 12 月 31 日 "预计负债——产品质量保证费用" 科目贷方余额为 100 万元，2009 年实际发生产品质量保证费用 90 万元，2009 年 12 月 31 日预提产品质量保证费用 110 万元，2009 年 12 月 31 日该项负债的计税基础为（　　　）万元。

A. 0   B. 120   C. 90   D. 110

14. 下列项目中，产生应纳税暂时性差异的有（　　　）。

A. 期末预提产品质量保证费用

B. 税法折旧大于会计折旧形成的差额部分

C. 对可供出售金融资产，企业根据期末公允价值大于取得成本的部分进行了调整

D. 对投资性房地产，企业根据期末公允价值大于账面价值的部分进行了调整

E. 对无形资产，企业根据期末可收回金额小于账面价值的部分计提了减值准备

15. 甲公司于 2007 年 1 月 1 日开业，2007 年和 2008 年免征企业所得税，从 2009 年开始适用的所得税税率为 25%。甲公司 2007 年开始计提折旧的一台设备，2007 年 12 月 31 日其账面价值为 6 000 万元，计税基础为 8 000 万元；2008 年 12 月 31 日账面价值为 3 600 万元，计税基础为 6 000 万元。假定资产负债表日，有确凿证据表明未来期间很可能获得足够的应纳税所得额用来抵扣可抵扣暂时性差异。2008 年应确认的递延所得税资产发生额为（　　　）万元。

A. 0   B. 100（借方）   C. 500（借方）   D. 600（借方）

（四）业务题

1. 甲公司在 2007 年 3 月 18 日向乙公司销售一批商品，开出的增值税专用发票上注明的售价为 50 000 元，增值税税额为 8 500 元。该批商品成本为 26 000 元。为及早收回货款，甲公司和乙公司约定的现金折扣条件为：2/10，1/20，N/30。乙公司在 2007 年 3 月 27 日支付货款。2007 年 7 月 5 日，该批商品因质量问题被乙公司退回，甲公司当日支付有关退货款。假定计算现金折扣时不考虑增值税。

要求：编制甲公司有关会计处理分录。

2. 甲、乙两企业均为增值税一般纳税人，增值税税率均为 17%。2006 年 3 月 6 日，甲企业与乙企业签订代销协议，甲企业委托乙企业销售 A 商品 500 件，A 商品的单位成本为每件 350 元。代销协议规定，乙企业应按每件 A 商品 585 元（含增值税）的价格销售给顾客，甲企业按不含增值税的售价的 10% 向乙企业支付手续费。4 月 1 日，甲企业收到乙企业交来的代销清单，代销清单中注明：实际销售 A 商品 400 件，商品售价为 200 000 元，增值税额为 34 000 元。当日甲企业向乙企业开具金额相同的增值税专用发票。4 月 6 日，甲企业收到乙企业支付的已扣除手续费的商品代销款。

要求：根据上述资料，编制甲企业会计分录。

（1）发出商品的会计分录。

（2）收到代销清单时确认销售收入、增值税、手续费支出以及结转销售成本的会

计分录。

（3）收到商品代销款的会计分录。

3. 甲公司于 2005 年 12 月 25 日接受乙公司委托，为其培训一批学员，培训期为 6 个月，2006 年 1 月 1 日开学。协议约定，乙公司应向甲公司支付的培训费总额为 60 000 元，分三次等额支付，第一次在开学时预付，第二次在 2006 年 3 月 1 日支付，第三次在培训结束时支付。

2006 年 1 月 1 日，乙公司预付第一次培训费。至 2006 年 2 月 28 日，甲公司发生培训成本 30 000 元（假定均为培训人员薪酬）。2006 年 3 月 1 日，甲公司得知乙公司经营发生困难，后两次培训费能否收回难以确定。

要求：编制甲公司有关的会计处理分录。

4. 甲公司于 2007 年 1 月 1 日向丙公司转让某专利权的使用权，协议约定转让期为 5 年，每年年末收取使用费 200 000 元。2007 年该专利权计提的摊销额为 120 000 元，每月计提金额为 10 000 元。假定不考虑其他因素。

要求：编制甲公司有关的会计处理分录。

5. 甲企业是 2009 年 1 月 1 日注册成立的公司，适用的所得税税率为 25%。2009 年度有关所得税会计处理的资料如下：

（1）本年度实现税前会计利润 240 万元；

（2）取得国债利息收入 20 万元；

（3）持有的一项交易性金融资产期末公允价值上升 30 万元；

（4）持有的一项可供出售金融资产期末公允价值上升 50 万元；

（5）计提存货跌价准备 10 万元；

（6）本年度开始计提折旧的一项管理用固定资产，成本为 100 万元，使用寿命为 5 年，预计净残值为 0，按直线法计提折旧，税法规定的使用年限为 10 年，假定税法规定的折旧方法及净残值与会计规定相同。（2009 年度除上述事项外，无其他纳税调整事项）

要求：

（1）采用资产负债表债务法计算本年度应交所得税。

（2）计算本期应确认的递延所得税资产或递延所得税负债金额。

（3）计算 2009 年利润表中列示的所得税费用，并做出相关的会计分录。

（五）案例分析题

1. 康健股份有限公司主要经营业务为医药制品的生产与销售。在过去几年中，医药市场的竞争十分激烈。为了增加利润的来源，公司早在 2002 年就介入了房地产市场的开发与销售。但前几年由于土地资源的稀缺引起地价不断上涨，而公司的管理层又未及时调整战略方向，使得公司的房地产开发成本要比市场的平均售价高出 25%。

另外，公司为了扩大市场占有率，放宽了信用条件，应收账款的平均收账期由原来的 3 个月逐渐放宽到 6 个月。房地产开发的投入不能很快收回，而开发资金大部分来自于银行贷款。为了及时偿还借款，公司被迫借新的贷款以偿还到期的贷款。公司陷入举新债还旧债的恶性循环。虽然筹资活动的现金流入与流出都很大，但净现金流量依然很少，不能为经营活动以及医药生产所需的投资提供有效的资金支持。

尽管如此，毕竟经营房地产业还是高利润产业，即使已不像前几年的暴利，更何况康健公司开发的房地产地理位置很好，地处繁华地段。因此，2007 年公司的净利润还是比较可观。然而，现金流量表上反映的经营活动现金流为负数，总的净现金流量也为负数，公司的资金周转压力很大。财务经理为此非常着急，他正想与公司的其他高层管理者开会商讨如何采取新的措施来改变公司目前的困境。

问题：

（1）你认为引起康健公司净利润与现金流差异的主要原因是什么？

（2）通过此案例，你对净利润指标有何理解？

（3）你认为如何才能客观评价一家企业的经营成果？

2. 2007 年 12 月 1 日，A 公司与 D 公司签订销售合同。合同规定：A 公司向 D 公司销售一台大型设备并负责进行安装调试，该设备总价款为 900 万元（含安装费，该安装费与设备售价不可区分）；D 公司自合同签订之日起 3 日内预付设备总价款的 20%，余款在设备安装调试完成并经 D 公司验收合格后付清。该设备的实际成本为 750 万元。2007 年 12 月 3 日，A 公司收到 D 公司支付的设备总价款的 20%。

2007 年 12 月 15 日，A 公司将该大型设备运抵 D 公司，但因人员调配出现问题未能及时派出设备安装技术人员。至 2007 年 12 月 31 日，该大型设备尚未开始安装。

2008 年 1 月 5 日，A 公司派出安装技术人员开始安装该大型设备。该设备安装调试工作于 2008 年 2 月 20 日完成，A 公司共发生安装费用 10 万元。经验收合格，D 公司于 2008 年 2 月 25 日付清了设备余款。

A 公司就上述事项在 2007 年确认销售收入 900 万元，并结转销售成本 750 万元、劳务成本 10 万元。A 公司财务部经理对此解释为：该大型设备的安装调试工作虽然在 2007 年 12 月 31 日尚未开始，但在 2007 年度财务会计报告批准报出日前完成并经验收合格，属于资产负债表日后调整事项，故将该大型设备总价款确认为 2007 年度的销售收入并结转相关成本。

假定上述交易价格均为公允价格。

问题：

分析判断 A 公司对该事项的会计处理是否正确，并简要说明理由；如不正确，请说明正确的会计处理。

第十四章 财务报告

一、教学案例

【案例一】

ABS 公司是美国一家汽车配件生产公司，由于看好中国的生产能力及水平，公司准备将其生产的重要部件之一转移到中国生产。为了更好地适应中国的企业文化及社会环境，ABS 公司决定采用同中方合资的方式组建其在中国的生产企业。ABS 公司在中国江苏省与顺达金属制造实业公司进行了洽谈，双方商定，由 ABS 公司和顺达公司共同出资 5 000 万美元，引进全套生产线，兴建一个合资企业（中方出资 1 500 万美元，外方出资 3 500 万美元），产品将以 ABS 公司品牌全部出口美国。同时，顺达公司为了表示对此项合作的诚意，决定将自己现有的已经拥有十余年历史的生产类似产品（全部用于国内销售）的万顺金属配件加工有限责任公司，无偿赠送给未来的合资企业。ABS 公司的财务顾问在得知有关情况后认为，必须对万顺公司的财务状况进行审查。万顺公司的财务报表显示：企业资产总额为 1 亿元，其中，应收账款为 2 000 万元，估计回收率为 50%，土地和房屋为 5 000 万元；负债为 1.3 亿元，所有者权益为 -0.3 亿元。对此，ABS 公司的财务顾问认为，万顺公司已经处于资不抵债的状态，如果再考虑到应收账款 50% 的回收所带来的坏账损失 1 000 万元，万顺公司净资产实际只有 -4 000 万元。这就是说，如果接受万顺公司，即使顺达公司对合资企业再投入 4 000 万元，万顺公司对合资企业的贡献也只是零。因此，ABS 公司财务顾问建议 ABS 公司不要接受这种"赠送"。

问题思考：你如何看待 ABS 公司财务顾问的意见？为什么？

[资料来源] 张其秀. 会计学案例. 上海：上海财经大学出版社，2009.

【案例二】

大唐电信科技股份有限公司是以国有资产监督管理委员会下属的电信科学技术研究院为主发起人组建的高科技企业。公司于 1998 年 9 月 21 日在北京海淀新技术开发试验区注册成立，同年 10 月，公司股票"大唐电信"在上海证券交易所挂牌上市。公司主要的营业范围包括：电子及通信设备，仪器仪表，文化办公设备，电子计算机设备，电子计算机软硬件及外部设备，系统集成，光电缆和微电子器件的技术开发、技术转让、技术咨询、技术服务、制造、销售，通信及信息系统工程设计，信息服务，等等。

表 14-1～表 14-4 是大唐电信 2005—2007 年间的现金流量表（局部）、现金流量表附注（局部）、资产负债表（摘要）及利润表。

表 14 - 1　　　　　大唐电信比较现金流量表（局部）（2005—2007 年）　　　　单位：元

报告期	2007 年 12 月 31 日	2006 年 12 月 31 日	2005 年 12 月 31 日
报表类型	合并报表	合并报表	合并报表
一、经营活动产生的现金流量			
销售商品、提供劳务收到的现金	2 963 972 709	2 541 329 052	2 228 544 368
收到的其他与经营活动有关的现金	9 955 277.42	9 199 497.95	1 762 895.02
经营活动现金流入小计	2 978 488 104	2 555 176 458	2 239 442 178
购买商品接受劳务支付的现金	2 061 827 871	1 838 357 441	1 421 822 635
支付给职工以及为职工支付的现金	261 970 486.6	216 452 659.9	226 690 296.4
支付的各项税费	185 151 077.1	92 456 140.25	99 070 534.36
支付的其他与经营活动有关的现金	305 598 208.5	246 475 319.2	274 780 314.1
经营活动现金流出小计	2 814 547 644	2 393 741 561	2 022 463 779
经营活动产生的现金流量净额	163 940 460.7	161 434 897.2	216 978 398.3

表 14 - 2　　　　　　　　　　现金流量表附注（局部）　　　　　　　　　　单位：元

报告期	2007 年 12 月 31 日	2006 年 12 月 31 日	2005 年 12 月 31 日
报表类型	合并报表	合并报表	合并报表
净利润	31 584 598.02	−718 862 023	−696 120 195.39
少数股东损益	13 939 231.03	6 569 577.63	169 231.07
计提的资产减值准备	81 831 059.22	523 445 490.4	238 278 448.5
固定资产折旧	75 232 242.4	46 698 271.76	84 178 394.04
无形资产摊销	14 009 060.8	26 282 961.36	18 207 830.64
长期待摊费用	0	1 161 597.31	2 141 739.47
待摊费用的减少（增加）	0	4 194 668	−4 119 634.68
预提费用的增加（减少）	0	−3 414 257.62	9 032 371.19
处置固定资产、无形资产和其他长期资产的损失（减：收益）	−73 693 406.18	731 654.76	5 389 565.83
固定资产报废损失	228 091.58	0	176 069.12
财务费用	143 429 300.7	133 891 702.5	134 965 306.9
投资损失（收益）	−95 317 351.21	−3 160 039.93	−14 708 114.36
存货的减少（增加）	72 886 475.78	133 292 571.1	41 469 056.67
经营性应收项目的减少（增加）	304 670 223.5	525 284 185.3	360 087 042.8
经营性应付项目的增加（减少）	−411 921 716.8	−514 681 463	37 831 287.05
经营活动产生之现金流量净额	163 940 460.7	161 434 897.2	216 978 398.3
现金及现金等价物净增加额	311 168 659.9	27 809 447.34	−102 576 955.4

表 14 - 3　　　　　　　大唐电信比较资产负债表（摘要）（2005—2007 年）　　　　　单位：元

报告期	2007 年 12 月 31 日	2006 年 12 月 31 日	2005 年 12 月 31 日
报表类型	合并报表	合并报表	合并报表
货币资金	761 165 508.8	447 969 580.8	420 160 133
应收票据	48 219 504.6	13 535 387.62	18 856 597.6
应收款项净额	1 092 126 643	1 343 324 942	1 937 579 317
预付账款	86 231 625.44	217 137 404.7	220 990 458
存货净额	826 045 456.9	952 571 641.3	1 503 143 015
流动资产合计	2 813 801 685	2 974 575 833	4 104 924 190
资产总计	3 433 215 252	3 760 558 603	4 945 617 361
流动负债合并	2 842 717 876	3 133 068 693	3 523 371 878
负债合计	3 005 219 250	3 371 518 693	3 757 822 117
少数股东权益	68 572 716.4	60 787 671.9	141 011 675
股东权益合计	359 423 285.3	3 282 582 237.9	1 046 783 569
负债及股东权益总计	3 433 215 252	3 760 558 603	4 945 617 361

表 14 - 4　　　　　　　　　大唐电信比较利润表（2005—2007 年）　　　　　　　单位：元

报告期	2007 年 12 月 31 日	2006 年 12 月 31 日	2005 年 12 月 31 日
报表类型	合并报表	合并报表	合并报表
一、主营业务收入	2 468 596 744	2 143 005 882	1 560 442 008
主营业务收入净额	2 468 596 744	2 143 005 882	1 560 442 008
主营业务成本	1 872 468 189	1 636 923 546	1 347 320 746
主营业务税金及附加	15 104 838.16	8 790 408.19	7 540 822.05
二、主营业务利润	581 023 717	497 291 927.2	205 580 439.5
其他业务利润	0	11 158 899.56	- 4 015 534.28
营业费用	260 581 857.6	195 723 247	258 629 464.4
管理费用	230 801 333.9	848 966 399.2	506 641 111.8
财务费用	137 773 357.2	130 392 163.8	126 573 735.9
三、营业利润	- 129 963 890.8	- 666 630 983.2	- 690 279 306.9
投资收益	95 317 351.21	1 269 481.52	14 708 114.36
补贴收入	0	2 216 616.67	11 021 488.98
营业外收入	116 903 027.5	357 252.72	2 815 449.43
营业外支出	791 425.12	29 367 653.91	32 989 617.85
营业外收支净额	116 111 602.3	- 29 010 401.19	- 30 174 168.42
四、利润总额	81 465 062.75	- 692 155 286.2	- 694 723 871.9
所得税	35 941 233.7	20 137 159.12	1 227 092.92
少数股东利益	13 939 231.03	6 569 577.63	169 231.07
五、净利润	31 584 598.02	- 718 862 022.9	- 696 120 195.9

问题思考：

1. 现金流量表同其他报表有何关系？

2. 现金流量表中现金净流量同利润表中的净利润出现差异的原因。

3. 从大唐电信 2005—2007 年间的现金流量表及利润表中可以得出哪些信息？

二、作业与思考题

（一）名词解释

1. 财务报告；2. 资产负债表；3. 利润表；4. 现金流量表；5. 所有者权益变动表

（二）填空题

1. 财务报表至少应当包括_____、_____、_____、_____
和_____。

2. 目前比较流行的收益计量方法有_____和_____两种。

3. 现金流量表中应当按照企业发生的经济业务性质，将企业一定期间内产生的现
金流量分为_____、_____和_____
三类。

4. 编制现金流量表时，列报经营活动现金流量的方法有_____和_____
两种。

5. 现金流量表附注也是现金流量表的补充资料，分为三部分：第一部分是
_____；第二部分是_____；第三部分是_____ 等
项目。

6. 在会计实务中，财务报表附注可采用_____和_____等形式。

7. 中期财务报告包括_____、_____、_____，也包
括_____。

（三）选择题

1. 某企业 2008 年 12 月 31 日固定资产账户余额为 2 000 万元，累计折旧账户余额
为 800 万元，固定资产减值准备账户余额为 100 万元，在建工程账户余额为 200 万元。
该企业 2008 年 12 月 31 日资产负债表中固定资产项目的金额为（　　　）万元。

　　A. 1 200　　　　　B. 90　　　　　C. 1 100　　　　　D. 2 200

2. 下列影响营业利润的项目是（　　　）。

　　A. 财务费用　　　B. 投资收益　　　C. 资产减值损失　　　D. 营业外支出

3. 甲公司为增值税一般纳税企业。2008 年度，甲公司主营业务收入为 1 000 万
元，增值税销项税额为 170 万元；应收账款期初余额为 100 万元，期末余额为 150 万
元；预收账款期初余额为 50 万元，期末余额为 10 万元。假定不考虑其他因素，甲公司
2008 年度现金流量表中"销售商品、提供劳务收到的现金"项目的金额为（　　　）
万元。

　　A. 1 080　　　　　B. 1 160　　　　　C. 1 180　　　　　D. 1 260

4. 某公司对外转让一项土地使用权，取得的收入为 900 000 元，土地使用权的账面价值为 560 000 元。公司转让时以现金支付转让费 30 000 元，同时支付税金 45 000 元。此项业务在现金流量表中的列示是（　　　　）。

  A. 在"收到的其他与经营活动有关的现金"和"支付的其他与经营活动有关的现金"两个项目中分别填列 900 000 元、75 000 元

  B. 在"收到的其他与经营活动有关的现金"和"支付的各项税费"两个项目中分别填列 900 000 元、75 000 元

  C. 在"处置固定资产、无形资产和其他长期资产所收回的现金净额"项目中填列 825 000 元

  D. 在"处置固定资产、无形资产和其他长期资产所收回的现金净额"项目中填列 265 000 元

5. 下列交易或事项产生的现金流量中，属于投资活动产生的现金流量的有（　　　　）。

  A. 向投资者派发现金股利 60 万元

  B. 为购建固定资产支付的已资本化的利息费用

  C. 因火灾造成固定资产损失而收到的保险赔款

  D. 融资租赁方式租入固定资产所支付的租金

  E. 分期付款购买固定资产第一次支付的款项

6. 将净利润调节为经营活动产生的现金流量时，下列各调整项目中，属于调减项目的有（　　　　）。

  A. 投资收益　　　　　　　　　　B. 递延所得税负债增加额

  C. 长期待摊费用的增加　　　　　D. 固定资产报废损失

  E. 公允价值变动损益

7. 甲公司当期发生的交易或事项中，会引起现金流量表中筹资活动产生的现金流量发生增减变动的有（　　　　）。

  A. 支付短期借款利息

  B. 向投资者派发现金股利 300 万元

  C. 收到被投资企业分来的现金股利 500 万元

  D. 发行股票时由证券商支付的股票印刷费用

  E. 购入固定资产 10 万元

（四）业务题

1. 甲企业是工业企业，为增值税一般纳税人，其有关资料如下：

（1）甲企业销售的产品，材料均为应纳增值税货物，增值税税率为 17%，产品、材料销售价格中均不含增值税。

（2）甲企业材料和产品均按实际成本核算，其销售成本随销售同时结转。

（3）甲企业在 2007 年起执行新准则，所得税核算方法采用资产负债表债务法，假定适用的所得税税率一直是 25%，按照净利润的 10% 提取盈余公积。

（4）甲企业2008年12月1日有关科目余额如表14-5所示。

表14-5 科目余额表 单位：万元

科目名称	借方余额	科目名称	贷方余额
库存现金	1	短期借款	300
银行存款	2 400	应付票据	500
应收票据	30	应付账款	330
应收账款	200	应付利息	—
坏账准备	-2	应交税费	112
其他应收款	200	长期借款	1 000
原材料	350	预计负债	—
周转材料	22.5	递延所得税负债	107.5
库存商品	810	实收资本	28 000
存货跌价准备	-30	资本公积	532
持有至到期投资	109	盈余公积	20.5
持有至到期投资减值准备	-44	利润分配（未分配利润）	259
长期股权投资	—		
固定资产	26 426		
累计折旧	-560		
投资性房地产	1 230		
递延所得税资产	18.5		
无形资产	—		
累计摊销	—		
合计	31 161	合计	31 161

（5）甲企业2008年12月发生如下经济业务：

①12月1日，甲企业购入原材料一批，增值税专用发票上注明的价款是300万元，增值税税额为51万元，材料已经到达，并验收入库。企业开出不带息商业承兑汇票。采购过程中发生运输费5万元、保险费2万元、装卸费1万元、签订采购合同支付的印花税0.2万元，已用银行存款支付。

②12月1日，甲企业以一批库存商品对外投资，取得B公司20%的表决权资本，对B公司具有重大影响，双方交易具有商业实质。用于投资的库存商品成本为500万元，已计提存货跌价准备30万元，公允价值（等于计税价格）为600万元。取得投资时，B公司的可辨认净资产公允价值（等于其账面价值）为3 600万元。

2008年度B公司共实现净利润1 000万元，其中12月份实现净利润200万元；甲公司与B公司之间未发生任何关联交易。B公司的所得税税率为25%。

③12月3日，甲企业销售给X企业一批商品，销售价格为200万元，实际成本为150万元。产品已经发出，开出增值税专用发票，款项尚未收到。销售合同中甲公司的

产品质量保证条款规定，产品售出后一年内，如发生正常质量问题，甲公司将免费负责修理。甲公司根据以往经验，预计将来发生的修理费为销售收入的1%，税法规定产品质量保证在实际发生时才允许税前扣除，本月末发生相关修理费用。

④12月8日，甲企业出售一台不需用设备给乙企业，设备账面原价为200万元，已提折旧74万元，出售价格为180万元。出售设备价款已经收到，并存入银行。

⑤12月15日，甲企业对外出售其持有的持有至到期投资，收到价款80万元。该债券投资的账面余额为109万元，已计提减值准备44万元。

⑥12月17日，甲企业以一项投资性房地产与C公司的一项固定资产和专利权进行交换。甲企业换出的投资性房地产采用公允价值模式进行后续计量，成本为1 000万元，公允价值变动为借方余额230万元，在交换日的公允价值为1 150万元；C公司用于交换的固定资产账面原值为900万元，已提折旧400万元，在交换日的公允价值为660万元；专利权的账面价值为350万元，公允价值为420万元。甲企业另收到补价为70万元。假定不考虑非货币性资产交换涉及的相关税费；交换具有商业实质。甲公司换出的投资性房地产在上期期末时的计税基础为800万元；换入的管理用专利权，预计使用寿命为5年，预计净残值为0，采用直线法摊销。假定税法要求的摊销年限、预计净残值及摊销方法与会计上一致。

⑦12月23日，甲企业用银行存款偿还到期应付票据20万元。

⑧甲企业计提管理用固定资产折旧98万元。

要求：

（1）编制甲企业12月发生的事项①～⑧的有关会计分录；

（2）计算甲企业12月份的应交所得税及相关的递延所得税。（各损益类科目结转本年利润以及与利润分配有关的会计分录除外，除"应交税费"科目外，其余科目可不写明细科目）

（3）编制2008年12月利润表和2008年12月31日资产负债表（只填年末数）。

2. 华联公司2008年度资产负债表和利润表如表14-6、表14-7所示。

表14-6　　　　　　　　　　资产负债表（简表）

编制单位：华联公司　　　　　　　2008年12月31日　　　　　　　单位：元

资产	期末余额	年初余额	负债及所有者权益	期末余额	年初余额
流动资产：			流动负债：		
货币资金	55 500	73 500	应付票据	0	120 000
交易性金融资产	18 000	20 000	应付账款	93 000	49 500
应收票据	39 000	54 000	流动负债合计	93 000	169 500
应收账款	9 000	7 000	非流动负债：		
存货	165 000	80 000	应付债券	225 000	80 000
流动资产合计	286 500	234 500	非流动负债合计	225 000	80 000
非流动资产：			负债合计	318 000	249 500

表14-6(续)

资产	期末余额	年初余额	负债及所有者权益	期末余额	年初余额
固定资产	475 500	235 000	股东权益:		
非流动资产合计	475 000	235 000	股本	240 000	190 000
			未分配利润	204 000	30 000
			股东权益合计	444 000	220 000
资产总计	762 000	469 500	负债和股东权益总计	762 000	469 500

表14-7　　　　　　　　　　　　利润表

编制单位: 华联公司　　　　　　　2008年　　　　　　　　　　单位: 元

项目	本期金额
一、营业收入	738 000
减: 营业成本	360 000
管理费用	61 000
财务费用	10 000
加: 投资收益(损失以 "-" 号填列)	3 000
二、营业利润(亏损以 "-" 号填列)	310 000
加: 营业外收入	3 000
减: 营业外支出	10 000
三、利润总额(亏损总额以 "-" 号填列)	303 000
减: 所得税费用	102 000
四、净利润(净亏损以 "-" 号填列)	201 000

其他相关资料如下:

(1) 本年度支付了27 000元现金股利。

(2) 营业成本360 000元中, 包括工资费用165 000元。管理费用61 000元中, 包括折旧费用21 500元, 报销的备用金3 000元, 职工薪酬24 000元, 支付其他费用12 500元。

(3) 本年度出售固定资产一台, 原价为60 000元, 已提折旧5 000元, 处置价格为58 000元, 已收到现金。

(4) 本年度购入固定资产, 价款为317 000元, 以银行存款支付。

(5) 本年度购入交易性金融资产, 支付价款13 000元。

(6) 本年度出售交易性金融资产收到现金18 000元, 成本为15 000元。

(7) 本年度偿付应付公司债券70 000元; 新发行债券215 000元, 已收到现金。

(8) 本年度发生火灾造成存货(均系原材料)损失10 000元, 已计入营业外支出。

(9) 其他应收款全部为备用金, 本年支付5 000元。

(10) 本年度发行新股50 000元, 已收到现金。

（11）财务费用 10 000 元为支付的债券利息。

（12）期末存货均为外购原材料。

为简便起见，不考虑流转税，假定华联公司没有现金等价物，应收账款全部为应收销货款，应付账款全部为应付购货款。

要求：根据上述资料编制华联公司的现金流量表。

（五）案例分析题

福发公司 2003 年 11 月遇到了财务困难，需要一大笔新的银行贷款。公司总裁已经和几家银行进行了谈判，但银行要求公司出示 2003 年 12 月 31 日经过注册会计师审计过的财务报表。总裁为了能够从银行贷得款项，想采取以下措施达到目的：

1. 公司原计划在 12 月以 2 000 万元收购日升公司，日升公司的所有者对这次收购不是很着急。如果公司把这次收购推迟到 2004 年 1 月，公司在年底就会有更多的现金，这会使公司的偿债能力看起来更好。

2. 到年底，公司的应付账款将为 2 000 万元，如果公司在资产负债表中将它改为 800 万元，把剩下的 1 200 万元改为股东权益，这样会使公司的财务状况看上去比较良好，而且可能没有人知道它们之间的区别。

3. 公司可以将持有的一项账面价值为 1 000 万元的长期股权投资划转为交易性金融资产，以便增加流动资产，改变流动比率。

4. 公司当初以 1 000 万元购买的土地使用权，现在的价格至少为 2 000 万元，如果公司在资产负债表中将其显示为 2 000 万元，这样就会使总资产和所有者权益各增加 1 000 万元。

问题：

1. 分别对上述措施进行评述。

2. 如果你是福发公司的财务总监，为了取得银行贷款，你会采取什么措施？

提示：《企业会计准则第 30 号——财务报表列报》第四条，企业应当以持续经营为基础，根据实际发生的交易和事项，按照《企业会计准则——基本准则》和其他各项会计准则的规定进行确认和计量，在此基础上编制财务报表。

第十五章　会计调整

一、教学案例

【案例一】

在整个钢铁行业快速发展的大背景下，2003 年钢铁类上市公司的业绩非常好，而部分钢铁类上市公司却进行了会计估计、会计政策的变更，详细资料如表 15-1 所示。

表 15-1　　　　　　　　　部分钢铁类上市公司的变更情况　　　　　　　　　单位：万元

上市公司	2003 净利润	增长率(%)	变更项目	变更对净利润的影响
宝钢股份	679 600	63	缩短折旧年限	-190 600
唐钢股份	88 448	52	缩短折旧年限	-12 440
安阳钢铁	82 439	53	缩短折旧年限	-7 095
太钢不锈	61 054	115	缩短折旧年限 提高计提坏账率	-9 263 -1 099
莱钢股份	57 282	49	提高计提坏账比例	-1 270
杭钢股份	53 163	96	年限平均法改为双倍余额递减法	-27 491
凌钢股份	44 018	116	缩短折旧年限	-3 130
八一钢铁	32 143	102	缩短折旧年限	-5 173

问题思考：钢铁类上市公司变更会计估计、会计政策的动机是什么？

［资料来源］门璐，等. 企业会计案例教程. 北京：清华大学出版社，北京交通大学出版社，2008.

【案例二】

上海金桥出口加工区开发股份有限公司（股票名称为浦东金桥，股票代码是 600639）前身为 1990 年 9 月成立的上海市金桥出口加工区开发公司（全民所有制企业），1992 年 4 月 27 日改制为上海市金桥出口加工区开发股份有限公司。公司于 1993 年 3 月在上海证券交易所上市，同年 10 月更名为 "上海金桥出口加工区开发股份有限公司"。公司的经营范围包括房地产开发、经营、销售、出租和中介、土地使用权投资、市政建设、工程承包、仓储运输、商业、餐饮娱乐、转口贸易和各类咨询等。

浦东金桥在 2003 年以前对开发用土地所采用的会计政策是："开发用土地在取得时按实际成本计入'无形资产'，土地投入开发建设时从'无形资产'转入'开发成本'。在开发建设过程中发生的土地征用及拆迁补偿费、前期工程费、基础设施费和配套设施费等，属于直接费用的直接计入开发成本；须在各地块间分摊的费用，按受益面积分摊计入。"

然而，在 2003 年，浦东金桥开始对上述会计政策进行了变更："属于难以辨认或难以分摊的费用性成本不再分摊计入开发成本，而于实际发生时直接计入主营业务成本予以核算。此项会计政策变更减少本期净利润 25 610 758.00 元。"即便如此，浦东金桥 2003 年房地产销售业务的毛利率仍从上一年的 30.42% 猛增到 50.78%。

从 2002—2004 年间的利率表（表 15－2）及相关的资料（表 15－3）中可以看出该公司在会计政策变更前后的利润情况。

表 15－2　　　　　　　　　浦东金桥 2002—2004 年利率表　　　　　　　单位：元

	2002 年度	2003 年度	2004 年度
主营业务收入	678 222 499.06	610 710 579.66	618 148 050.81
主营业务收入净额	678 222 499.06	610 710 579.66	618 148 050.81
减：主营业务成本	434 474 073.48	374 763 902.14	404 825 222.79
减：主营业务税金及附加	33 315 757.32	30 675 636.44	26 364 503.83
主营业务利润	210 432 668.26	205 271 041.08	186 958 324.19
加：其他业务利润	643 205.94	1 380 121.21	1 900 874.00
减：营业费用	16 219 078.13	13 077 341.26	13 516 033.05
管理费用	56 052 704.11	31 746 173.97	30 153 720.83
财务费用	43 443 458.39	26 411 700.17	44 258 671.49
营业利润	95 360 633.57	135 415 946.89	100 930 772.82
加：投资收益	32 879 595.44	46 762 487.12	103 066 626.14
营业外收入	242 724.39	1 043 962.29	7 023 803.59
减：营业外支出	1 040 606.06	36 432 535.88	1 871 968.41
利润总额	127 442 347.34	146 789 860.42	209 450 734.14
减：所得税费用	17 664 782.34	15 648 477.67	32 949 327.44
减：少数股东损益	1 884 843.99	2 101 015.02	233 111.65
净利润	107 892 721.01	129 040 367.73	176 267 295.05

表 15－3　　　　　　　浦东金桥 2003 年度主营业务分行业情况表

行业	主营业务收入（元）	主营业务成本（元）	毛利率（%）	毛利率比上年增减（%）	收入比上年增减（%）
房地产销售	382 555 555.70	188 285 421.99	50.78	20.36	-24.73
房地产租赁	228 155 023.96	186 478 480.15	18.27	-34.17	34.23
合计	610 710 579.66	374 763 902.14	38.64	2.7	-9.95

时隔几年，到了 2007 年，国家财政部及证监部门要求所有上市公司首先实施新会计准则。与此同时，国家也开始对过热的房地产市场进行宏观调控，在此背景下，浦东金桥的经营状况如何？其财务报表上的盈利指标是否有明显变化？

表 15－4 ~ 表 15－6 是该公司 2007 年度的财务报表及部分资料。

表 15 - 4　　　　　　　　　　浦东金桥 2007 年比较利润表　　　　　　　　　　单位：元

	2007 年度	2008 年度	增减（%）
主营业务收入	801 142 014.52	993 367 330.99	-19.3
减：主营业务成本	297 949 535.76	520 227 334.10	-42.73
营业税金及附加	93 607 376.11	51 599 274.15	81.4
主营业务利润	409 585 102.65	420 540 722.74	-2.6
加：投资收益（其他业务利润）	9 47 093.2	1 639 768.0	476.12
减：营业费用	10 368 475.90	12 165 550.42	-14.8
管理费用	81 885 346.01	80 426 591.36	1.81
财务费用	80 426 591.36	59 849 982.54	35.2
资产减值损失	-14 116 881.91	-8 085 450.85	74.6
营业利润	260 468 664.53	277 823 817.31	-6.25
加：营业外收入	13 928 641.23	1 541 929.90	803.3
减：营业外支出	255 357.42	790 270.02	-67.7
利润总额	274 141 921.34	278 575 477.19	-1.59
减：所得税费用	37 416 249.04	73 358 301.88	-49.0
净利润	236 725 672.30	205 217 175.31	15.35

表 15 - 5　　　　　　浦东金桥 2007 年度主营业务分行业情况表　　　　　　单位：元

分行业	营业收入	营业成本	毛利率（%）	营业收入比上年增减(%)	营业收入比上年同期增减(%)	毛利率比上年同期增减(%)
房地产销售	121 230 013.88	41 385 392.10	65.86	-71.00	-79.8	+14.82
房地产租赁	649 801 316.32	232 303 015.81	64.25	14.04	24.25	+17.82
酒店公寓服务	28 401 501.88	24 577 889.07	13.46	1 107.01	169.91	

表 15 - 6　　　　　　　　　利润表同比发生重大变动分析　　　　　　　　　单位：元

项目	本期数	上期数	增减额	增减比例（%）
营业收入	801 142 014.52	992 367 330.99	-191 225 316.47	-19.3
营业成本	297 949 535.76	520 227 334.10	-222 277 798.34	-42.73
营业税费	93 607 376.11	51 599 274.15	42 008 101.96	81.4
销售费用	10 368 475.90	12 165 550.42	-1 797 074.52	-14.8
财务费用	80 906 415.85	59 849 982.54	21 056 433.31	35.2
资产减值损失	-14 116 81.91	-8 085 450.85	-6 031 431.06	74.6
营业外收入	13 928 614.23	1 541 929.90	12 386 684.33	803.3
营业外支出	255 357.42	790 270.02	-534 912.60	-67.7
所得税费用	37 416 249.04	73 358 301.88	-35 942 052.84	-49.0
净利润	236 725 672.30	205 217 175.31	31 508 496.99	15.35

问题思考：

1．根据新会计准则的有关规定，浦东金桥的成本核算政策是否合理？

2．回顾 2003 年国内房地产市场的情况，你认为浦东金桥当时会计政策变更可能的动机是什么？

3．请结合该公司的 2007 年年报资料，关注其利润变化情况，并分析可能的原因。

二、作业与思考题

（一）名词解释

1．会计政策变更；2．会计估计变更；3．追溯调整法；4．未来适用法；5．追溯重述法；6．资产负债表日后事项

（二）填空题

1．会计调整是企业因_____、_____、_____和_____而对会计记录和财务报表的调整。

2．企业只有在_____和_____两种情况下才可以变更会计政策。

3．前期差错通常包括_____、_____、_____和_____等。

4．资产负债表日后事项包括_____和_____两类。

（三）选择题

1．星海公司的某项长期股权投资，原持股比例为 15%，采用成本法核算；后因追加投资持股比例达到 30%，决定改用权益法核算。此会计事项属于（　　　）。

　　A．正常会计处理　　　　　　　B．会计差错

　　C．会计政策变更　　　　　　　D．会计估计变更

2．会计政策变更采用追溯调整法时，属于追溯调整内容的有（　　　）。

　　A．应计算会计政策变更的累积影响数

　　B．应调整变更当期的期初留存收益

　　C．应调整财务报表其他相关项目的期初数

　　D．重新编制以前年度财务报表

　　E．不需要重新编制以前年度财务报表

3．下列项目中应改变原会计政策的有（　　　）。

　　A．增加一条生产线

　　B．企业管理当局的意愿

　　C．法律或会计准则等行政法规、规章的要求

　　D．改选主要领导人

　　E．会计政策的变更能够提供有关企业财务状况、经营成果和现金流量等更可
　　　　靠、更相关的会计信息

4. 下列项目中，属于会计估计变更的有（　　　　）。

A. 因固定资产改扩建而将其使用年限由 5 年延长至 10 年

B. 将发出存货的计价方法由先进先出法改为加权平均法

C. 将坏账准备按应收账款余额 3% 计提改为按 5% 计提

D. 将某一已使用的电子设备的使用年限由 5 年改为 3 年

E. 将固定资产按直线法计提折旧改为按年数总和法计提折旧

（四）业务题

1. 甲股份有限公司（以下简称"甲公司"）20×9 年度实现净利润 10 000 000 元，使用的所得税税率为 25%，按净利润的 15% 提取盈余公积。该公司所得税采用资产负债表债务法核算。有关事项如下：

（1）考虑到技术进步因素，甲公司自 20×9 年 1 月 1 日起将一台管理用设备的使用年限改为 5 年。该设备系 20×6 年 12 月 28 日购入并投入使用，原价为 610 000 元，预计使用年限为 8 年，预计净残值为 10 000 元（同税法），采用直线法计提折旧。按税法规定，该台设备的使用年限为 8 年，并按直线法计提折旧。

（2）20×9 年年底甲公司发现如下差错：

①20×9 年 2 月份购入一批管理用低值易耗品，价款为 6 000 元，误记为固定资产，至年底已计提折旧 600 元计入管理费用。甲公司对低值易耗品采用领用时一次摊销的方法，至年底该批低值易耗品已被管理部门领用 40%。

②20×9 年 1 月 3 日购入的一项专利权，价款为 18 000 元，会计和税法规定的摊销期均为 15 年，但 20×9 年未予摊销。

③20×8 年 11 月 3 日销售的一批产品，符合销售收入确认条件，因还没有收到款项，所以未确认收入 300 000 元。但销售成本 250 000 元已结转，在计算 20×8 年度应纳税所得额时也未包括该项销售收入。

要求：

（1）计算 20×9 年该管理用设备应计提的折旧额，以及上述会计变更对 20×9 年度所得税费用和净利润的影响额，并列出计算过程。

（2）编制上述会计差错更正相关的会计分录。

2. 星光股份有限公司（以下简称"星光公司"）适用的所得税税率为 25%，所得税采用资产负债表债务法核算，按年确认暂时性差异的所得税影响金额，且发生的暂时性差异预计在未来期间能够转回。星光公司按实现净利润的 10% 提取法定盈余公积。

星光公司 20×8 年所得税汇算清缴于 20×9 年 3 月 20 日完成；20×8 年度财务报告于 20×9 年 3 月 31 日经董事会批准对外报出。20×9 年 2 月 1 日，注册会计师在年度审计中发现下列事项：

（1）20×8 年 3 月，星光公司将无法支付的应付账款 150 万元转入了资本公积（其他资本公积）。假设此项业务没有调整应纳税所得额。

（2）20×8 年 1 月 1 日，星光公司将一台大型设备采取分期收款方式销售给某公司，收款期为 2 年，在发出商品一年后支付 800 万元，2 年后到期时再支付 800 万元。星光公司按 1 600 万元确认了收入（假定不考虑增值税和所得税）。假设银行同期贷款利率为 8%。

（3）20×8 年 10 月 1 日，星光公司应收某公司的款项为 200 万元，因债务人财务困难无法收回。公司经协商进行债务重组：债务人以一座房屋抵偿债务，该房屋的原值为 280 万元，已提折旧 150 万元，账面价值为 130 万元，其公允价值为 160 万元。星光公司对该应收账款没有计提坏账准备。

星光公司按照该房屋的账面价值作为入账价值，将其与应收账款之间的差额计入了营业外支出 70 万元。

星光公司将房屋作为办公房使用，预计使用年限为 10 年，预计净残值为 0。假定调整损益后可以相应调整应纳税所得额。

（4）20×7 年 1 月公司支付 900 万元购入的商标权，无法合理确定无形资产为企业带来经济利益期限。星光公司购入后按照 10 年进行摊销。假定税法规定，没有规定使用期限的无形资产，摊销期为 10 年。但会计准则规定，无法确定使用寿命的无形资产不摊销。

（5）星光公司对甲公司拥有 80% 的权益性资本，为星光公司的子公司。20×8 年，甲公司实现净利润 200 万元，星光公司按比例确认了投资收益，并确认了递延所得税负债。

要求：

（1）指出上述会计业务的会计处理是否正确，如不正确，请进行更正（涉及利润分配的，在第 2 个要求中合作一笔分录）。

（2）将以前年度损益调整结转到利润分配，并调整盈余公积（以万元为单位，保留小数点后两位）。

（五）案例分析题

欣勤股份有限公司于 2001 年 12 月 31 日购入一台生产用设备，入账价值为 100 万元，预计使用 10 年，净残值为 1 000 元，按直线法计提折旧。但由于技术进步，情况发生变化，已不能按原来的使用年限计提折旧，因此，2005 年 1 月 1 日将折旧年限改为 8 年，预计净残值为 2 000 元。欣勤公司对于该笔业务按会计政策变更来进行处理。

问题：

1. 指出该笔业务是属于会计政策变更还是会计估计变更。

2. 对于欣勤公司的这项业务该如何处理？为什么？

提示：《企业会计准则第 28 号——会计政策、会计估计变更和差错更正》第三条，会计政策，是指企业在会计确认、计量和报告中所采用的原则、基础和会计处理方法；第八条，会计估计变更，是指由于资产和负债的当前状况及预期经济利益和义务发生了变化，从而对资产或负债的账面价值或者资产的定期消耗金额进行调整；第九条，企业对会计估计变更应当采用未来适用法处理。

第二部分
实　训

第二章　货币资金

一、实训资料

1. 远方电动车有限责任公司为增值税一般纳税人，2008 年 12 月月初货币资金及相关账户的余额如表 2-1 所示。

表 2-1　　　　　远方电动车有限责任公司 12 月月初账户余额表　　　　　单位：元

总账账户	二级账户	明细账户	借方余额	贷方余额
库存现金			1 800	
银行存款			200 000	
应收票据	银行承兑汇票	四海汽修厂	386 100	
其他应收款		李宝锐	4 060	
业务科	2 000			

2. 该公司 2008 年 12 月份发生的有关货币资金的业务核算资料如下：

（1）12 月 1 日，销售产品一批，相关资料如图 2-1 至图 2-4 所示。

4200041140　　　湖北增值税专用发票　　　00452761

开票日期：2008 年 12 月 1 日

购货单位	名称：武汉市滨江汽车修理厂 纳税人识别号：210102243765613 地址、电话：中华路818号　87369828 开户行及账号：商业银行中华路支行 1210819329		密码区	略			
货物或应税劳务名称	规格型号	单位	数量	单价	金额	税率(%)	税额
F₆产品		台	6	20 000	120 000.00	17	20 400.00
合计					￥120 000.00		￥20 400.00
价税合计（大写）	壹拾肆万零肆佰元整				（小写）￥140 400.00		
销货单位	名称：远方电动车有限责任公司 纳税人识别号：210716649765294 地址、电话：武汉市临江路268号88158888 开户行及账号：工商银行临江分理处8115437805		备注				

收款人：江京　　　　复核：段开颜　　　　开票人：张杨　　　　销货单位：（章）

图 2-1　增值税专用发票（第三联）

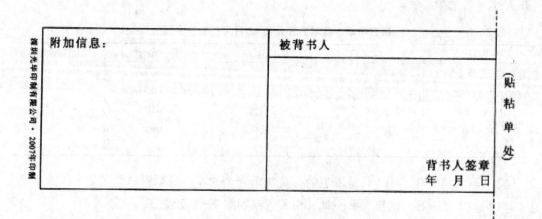

图 2-2　转账支票正面

附加信息：

被背书人

（贴粘单处）

背书人签章
年　月　日

图 2-3　转账支票背面

银　行　　进账单(收账通知)　　3　支票号码：☐☐☐☐
年　月　日

付款人	全　称		收款人	全　称											
	账　号			账　号											
	开户银行			开户银行											
人民币(大写)						千	百	十	万	千	百	十	元	角	分
票据种类		票据张数													
科　目(贷)对方科目(借)															
		复核		记账											

SZGHCS

武汉市商业银行
2008.12.6
转账
收款人开户行盖章

图 2-4　银行进账单

（2）12 月 5 日，商业汇票到期，公司委托银行收款，相关资料如图 2－5 至图 2－7 所示。

委邮	委托银行收款 (回单)		1									第05438号	

图 2－5 委托银行收款（回单）

委邮	委托银行收款 (收款通知)	3	第05438号

图 2－6 委托银行收款（收款通知）

银行承兑汇票 **2**

出票日期（大写） 贰零零柒年零陆月零伍日　　第IC0453号

出票人全称	江东四海汽修厂	收款人	全　称	远方电动车有限责任公司
出票人账号	2902188714		账　号	1210819329
付款行全称	市工商银行江东支行		开户银行	市工商银行临江分理处

汇票金额　叁拾捌万陆仟壹佰元整　　¥386100000

汇票到期日　贰零零捌年壹拾贰月零伍日

承兑协议编号　00135

付款行　行号　7536　地址　江东路562号

本汇票请你行承兑，到期无条件付款。

本汇票已经承兑，到期日由本行付款。

承兑日期2008年12月5日

出票人签章　　备注：　　复核　　记账

图 2－7 银行承兑汇票

（3）12月8日，业务科购买办公用品124.80元。以现金补足备用金定额。相关资料如图2-8、表2-2所示。

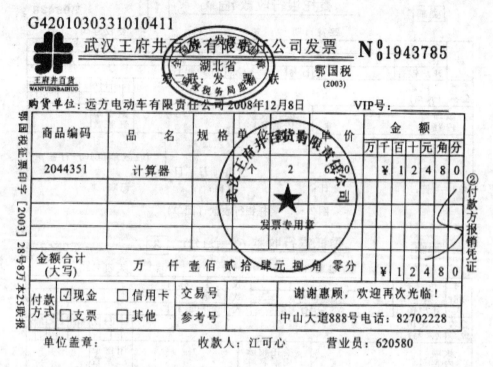

图2-8 购买办公用品发票

表2-2

办公用品领用表

2008年12月8日

领用部门	领发数量		备注
（人员）	计算器（个）	金额	
张小华	1	62.4	办公用
李一帆	1	62.4	办公用
合计	2	124.8	

（4）12月10日，业务员李宝锐出差归来，报销差旅费。相关资料如图2-9至图2-11所示。

借 款 单

2008年11月28日

部 门	业务科	姓 名	李宝锐	借款用途	出 差
借款金额	人民币(大写肆仟零陆拾元整(￥4 060.00)				
实际报销金额		节余金额		审核意见	同意。丁一
		超支金额			
备 注		现金付讫		结账日期	

财务主管：朱凡   复核：刘翔   出纳：王玲   借款人签章：李宝锐

图2-9 借款单

差旅费报销单

2008 年 12 月 8 日

原派出单位：业务科   单据张数：12 张（略）
事 由：出差   姓名：李宝悦   职务：职员   预借款：￥4 060.00

起止日期				起止地点	车船费	办公邮电	住宿费	住宿费			途中	饮食补助			合计
月	日	月	日					标准	天数	金额	标准	天数	金额		
11	30	12	10	武汉—西安	600	253			10	2 200		10	800	3 853	
合计					600	253				2 200			800	3 853	

人民币（大写）   叁仟捌佰伍拾叁元整   应退（补）：207.00 元

派出单位领导：   财务主管：朱凡   复核：刘翔   出纳：王玲

图2-10 报销单

收　据

2008年12月10日

收到：李宝锐

摘　要	千	百	十	万	千	百	十	元	角	分
退回出差借款					¥	2	0	7	0	0
合计人民币(大写)　贰佰零柒元整										
备注	现金收讫									

收款单位：远方电动车有限责任公司　　会计：　　收款人：王玲　经手人：李宝锐

图 2－11　收据

（5）12 月 18 日，公司向银行申请办理银行汇票，相关资料如图 2－12 所示。

中国工商银行　汇票申请书　(存根)　1

申请日期 2008年12月18日　　第0128号

收款人	金江钢铁厂			汇款人	远方电动车有限责任公司
账号或住址	8665638368			账号或住址	8115437805
兑付地点	湖北省金江市	兑付行	市工商银行金恒支行	汇款用途	购　货
汇票金额	人民币(大写)　壹拾捌万元整				千 百 十 万 千 百 十 元 角 分 ¥ 1 8 0 0 0 0 0 0
备注	中国工商银行 金恒支行 2008.12.18 受理			科　目 对方科目 财务主管　复核　经办	

此联由汇款人留存作记账传票

图 2－12　银行汇票申请书

（6）12 月 22 日公司提现金 2 000 元备用，相关资料如图 2 - 13 所示。

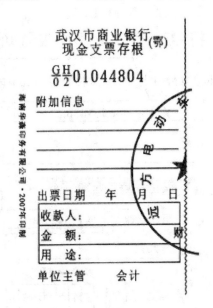

图 2 - 13　现金支票存根

（7）12 月 28 日，公司购料付款，相关资料如图 2 - 14 至图 2 - 15 所示。（请参见第 5 笔业务）

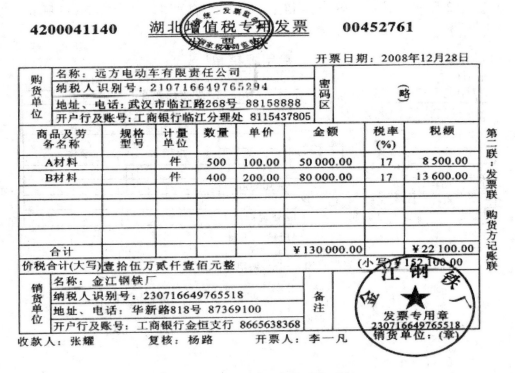

图 2 - 14　增值税专用发票（第二联）

中国工商银行   **4**   汇票号码：**AB35974**

银 行 汇 票(多余款收账通知)

出票日期 (大写)：贰零零捌年壹拾贰月壹拾捌日	代理付款行：市工商银行金恒支行 行号：**2378**

| 收款人：金江钢铁厂 | 账号：8665638368 |

出票金额 人民币
(大写) 壹拾捌万元整

| 实际结算金额 人民币
(大写) | | 千 百 十 万 千 百 十 元 角 分 |

| 申请人：远方电动车有限责任公司 | 账号：8115437805 |

出票行：市工商银行临江分理处 行号：**2875**

备注：＿＿＿＿

出票行盖章

年 月 日

密押：

多余金额

千 百 十 万 千 百 十 元 角 分

左列退回多余金额
已收入你账户内

此联出票行结清多余款后交申请人

图 2-15　银行汇票（多余款收账通知）

（8）12 月 30 日，公司报销业务招待费，相关资料如图 2-16、图 2-17 所示。

费用报销单

报销日期：　　　　　　2008年12月30日　　　　　　　　附件1张

费用项目	类　　别	金　　额	负责人(签章)	
公司经费	业务招待费	500	审查意见	同意报销 朱凡
现金付讫			报销人	李伟
报销金额合计		￥500.00		

核实金额(大写)：人民币 伍佰元整

| 借款数 | 应退数 | 应补金额 |

审核：朱凡　　　　　　　　　　出纳：王玲

图 2-16　费用报销单

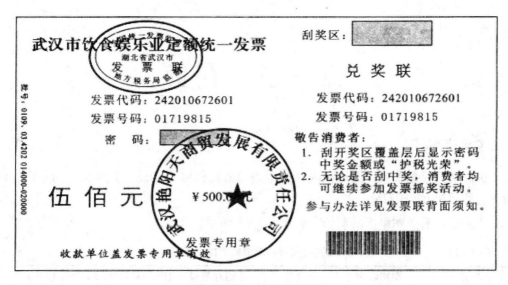

图 2 - 17　定额发票

二、实训要求

1. 熟悉企业有关货币资金核算的主要业务内容;

2. 掌握有关货币资金核算的主要经济业务的确认、计量以及会计凭证填制、审核的方法和使用手续;

3. 掌握企业货币资金业务环节的相关会计政策、税法、金融等知识及会计处理。

三、实训设计

1. 实训类型:单项实训。

2. 实训时间:2 学时。

3. 实训用纸:收款凭证 2 张;付款凭证 6 张;总分类账账页 8 张;三栏式明细账账页 3 张;日记账账页 2 张。

第三章 存货

一、实训资料

大鹏公司是增值税一般纳税人，适用的增值税税率为17%。开户银行为某市中国银行，账号为02010226。

大鹏公司有关明细账的期初余额如表3-1所示。

表3-1 大鹏公司有关明细账的期初余额

总账账户	明细账户	计量单位	结存数量	计划单价(元)	金额（元）
原材料	A材料	千克	1 000	4.5	4 500
	B材料	千克	2 000	4.8	9 600
	C材料	千克	500	1.2	600
材料成本差异					1 000（借方）
材料采购	B材料	千克	4 000	4.8	19 200

11月发生的有关采购业务如下：

1. 1日，公司从红星公司购入A材料4 000千克，货款20 000元，并取得增值税专用发票，货款未支付。4日，材料验收入库。相关资料如图3-1、图3-2所示。

四川省增值税专用发票

开票日期：2008年11月1日　　　　　　　　　　　　　　　　NO.081127001

购货单位	名称	大鹏公司		纳税登记号	553274041023759		
	地址电话	江都市麒麟区科华中路555号		开户银行及账号	中行江都分行麒麟区支行02010226		
货物或应税劳务名称	规格型号	计量单位	数量	单价(元)	金额(元)	税率(%)	税额（元）
A材料		千克	4 000	5	20 000	17	3 400.00
合计					20 000		3 400.00
价税合计（大写）		贰万叁仟肆佰元整				¥23 400.00	
备注							
销货单位	名称	江都市红星公司		税务登记号	2105640897		
	地址电话	江都市华阳区		开户银行及账号	交行华阳区支行		

销货单位（章）　　　　　收款人：　　　　　复核：　　　　　开票人：杨妃平

※第二联　发票联　购货方记账凭证

图3-1 增值税专用发票第二联

原材料入库单

2008 年 11 月 4 日　　　　　　　　　　　　　　字第 081104 号

| 通知单号 | 种类 | 名称 | 规格 | 数量 | | 单位 | 计划单价（元） | 成本总额（元） | 明细账 | |
				送交	实收				号	页
		A 材料		4 000	4 000	千克	4.5	18 000	10	
备注：							合计	180 000		

负责人：　　　　　　记账：　　　　　　验收：孙阳明　　　　　　填单：邹克南

※第三联　财务记账

图 3-2　原材料入库单

2. 6 日，公司向蓝光公司购入 A 材料 3 000 千克和 B 材料 5 000 千克，单价分别为 5.2 元和 5 元，用支票支付全部货款，取得增值税专用发票，材料已验收入库。相关资料如图 3-3 至图 3-5 所示。

四川省增值税专用发票

开票日期：2008 年 11 月 6 日　　　　　　　　　　　　　　NO. 081146002

| 购货单位 | 名称 | | 大鹏公司 | | 纳税登记号 | | 553274041023759 | | |
	地址电话		江都市麒麟区科华中路 555 号		开户银行及账号		中行江都分行麒麟区支行 02010226		
货物或应税劳务名称		规格型号	计量单位	数量	单价（元）	金额（元）	税率（%）	税额（元）	
A 材料			千克	3 000	5.2	15 600	17	2 652.00	
B 材料			千克	5 000	5.0	25 000	17	4 250.00	
合计						40 600		6 902.00	
价税合计（大写）		肆万柒仟伍佰零贰元整						￥47 502.00	
备注									
销货单位	名称		江都市红星公司		税务登记号		2105640897		
	地址电话		江都市华阳区		开户银行及账号		交行华阳区支行		

销货单位（章）　　　　收款人：　　　　复核：　　　　开票人：李华

※第二联　发票联　购货方记账凭证

图 3-3　增值税专用发票第二联

中国银行
转账支票存根
Ⅵ Ⅲ 00081106

科　　目 ＿＿＿＿＿＿＿＿
对方科目 ＿＿＿＿＿＿＿＿
出票日期 2008 年 11 月 6 日

| 收款人：江都市蓝光公司 |
| 金　额：47 502.00 |
| 用　途：购买材料 |

单位主管：　　　　　　会计：李 克

图 3-4　中国银行转账支票存根

原材料入库单

2008 年 11 月 6 日　　　　　　　　　　　　字第 081106 号

通知单号	种类	名称	规格	数　量		单位	计划单价（元）	成本总额（元）	明细账	
				送交	实收				号	页
		A 材料		3 000	3 000	千克	4.5	13 500	10	
		B 材料		5 000	5 000	千克	4.8	24 000	11	
备注：							合计	37 500		

负责人：　　　　　记账：　　　　　　验收：孙阳明　　　　　填单：邹克南

※第三联　财务记账

图 3-5　原材料入库单

3. 8 日，一车间领用 A 材料 3 000 千克，用于生产甲产品。领料单如图 3-6 所示。

领料单　　　　　　　　　　　　　　　　字第 0811001 号

领料部门：一车间　　　　　　2008 年 11 月 8 日　　　　　　单位：元

原材料			计量单位	数量		成本	
编号	名称	用途		请　领	实　发	计划单价	总成本
ZY001	A 材料	生产甲产品	千克	3 000	3 000	4.5	13 500
合计							13 500

主管：　　　　会计：李克　　　　记账：　　　　保管：　　　　发料员：江海平

图 3-6　领料单

4. 9 日，二车间领用 B 材料 4 000 千克，用于生产乙产品。领料单如图 3 - 7 所示。

领料单　　　　　　　　　　　字第 0811002 号

领料部门：二车间　　　　　　2008 年 11 月 9 日　　　　　　单位：元

原材料			计量单位	数量		成本	
编号	名称	用途		请　领	实　发	计划单价	总成本
ZY002	B 材料	生产乙产品	千克	4 000	4 000	4.8	19 200
合计							19 200

主管：　　　会计：李克　　　记账：　　　保管：　　　发料员：江海

图 3 - 7　领料单

5. 12 日，公司申请并取得银行汇票，从 M 公司购入 C 材料 2 000 千克，单价为 1.5 元，已取得增值税专用发票。14 日，材料运到，已验收入库。相关资料如图 3 - 8 至 3 - 10 所示。

中国银行四川省分行银行汇票申请书（存根）

申请日期：2008 年 11 月 12 日　　　　　　第 31 号

申请人	大鹏公司	收款人	M 公司										
账号或住址	02010226	账号或住址	04014568										
用途	采购材料	代理付款行	中行内江分行										
汇票金额	人民币 叁仟伍佰壹拾元整		千	百	十	万	千	百	十	元	角	分
						¥ 3	5	1	0	0	0
备注：			科　　目 ＿＿＿＿＿＿＿ 对方科目 ＿＿＿＿＿＿＿ 财务主管：　复核：　经办：范实									

※此联申请人留存

图 3 - 8　银行汇票申请书

四川省增值税专用发票

开票日期：2008 年 11 月 12 日　　　　　　　　　　　　　　　NO. 081127004

<table>
<tr><td rowspan="2">购货单位</td><td>名称</td><td colspan="2">大鹏公司</td><td>纳税登记号</td><td colspan="3">553274041023759</td></tr>
<tr><td>地址电话</td><td colspan="2">江都市麒麟区科华中路 555 号</td><td>开户银行及账号</td><td colspan="3">中行江都分行麒麟区支行 02010226</td></tr>
<tr><td colspan="2">货物或应税劳务名称</td><td>规格型号</td><td>计量单位</td><td>数量</td><td>单价（元）</td><td>金额(元)</td><td>税率(%)</td><td>税额（元）</td></tr>
<tr><td colspan="2">C 材料</td><td></td><td>千克</td><td>2 000</td><td>1.5</td><td>3 000</td><td>17</td><td>510.00</td></tr>
<tr><td colspan="2"></td><td></td><td></td><td></td><td></td><td></td><td></td><td></td></tr>
<tr><td colspan="2">合计</td><td></td><td></td><td></td><td></td><td>3 000</td><td></td><td>510.00</td></tr>
<tr><td colspan="2">价税合计（大写）</td><td colspan="4">叁仟伍佰壹拾元整</td><td colspan="3">￥3 510.00</td></tr>
<tr><td colspan="2">备注</td><td colspan="7"></td></tr>
<tr><td rowspan="2">销货单位</td><td>名称</td><td colspan="2">内江市 M 公司</td><td>税务登记号</td><td colspan="3">2105785624</td></tr>
<tr><td>地址电话</td><td colspan="2">内江市华阳区</td><td>开户银行及账号</td><td colspan="3">中行内江市华新区支行</td></tr>
</table>

销货单位（章）　　　　收款人：　　　　复核：　　　　开票人：张京

※第二联　发票联　购货方记账凭证

图 3-9　增值税专用发票第二联

原材料入库单

2008 年 11 月 12 日　　　　　　　　　　字第 081112 号

<table>
<tr><td rowspan="2">通知单号</td><td rowspan="2">种类</td><td rowspan="2">名称</td><td rowspan="2">规格</td><td colspan="2">数　量</td><td rowspan="2">单位</td><td rowspan="2">计划单价（元）</td><td rowspan="2">成本总额（元）</td><td colspan="2">明细账</td></tr>
<tr><td>送交</td><td>实收</td><td>号</td><td>页</td></tr>
<tr><td></td><td></td><td>C 材料</td><td></td><td>2 000</td><td>2 000</td><td>千克</td><td>1.2</td><td>2 400</td><td>12</td><td></td></tr>
<tr><td></td><td></td><td></td><td></td><td></td><td></td><td></td><td></td><td></td><td></td><td></td></tr>
<tr><td></td><td></td><td></td><td></td><td></td><td></td><td></td><td></td><td></td><td></td><td></td></tr>
<tr><td></td><td></td><td></td><td></td><td></td><td></td><td></td><td></td><td></td><td></td><td></td></tr>
<tr><td>备注：</td><td></td><td></td><td></td><td></td><td></td><td></td><td>合计</td><td>2 400</td><td></td><td></td></tr>
</table>

负责人：　　　　记账：　　　　　　验收：孙阳明　　　　填单：邹克南

※第三联　财务记账

图 3-10　原材料入库单

　　6. 17 日，三车间领用材料 1 500 千克，用于甲产品包装。领料单如图 3-11 所示。

领料单　　　　　　　　　　　　　　　字第 0811003 号

领料部门：三车间　　　　　　　2008 年 11 月 17 日　　　　　　　　单位：元

原材料			计量单位	数量		成本	
编号	名称	用途		请　领	实　发	计划单价	总成本
ZY001	C 材料	包装甲产品	千克	1 500	1 500	1.2	1 800
合计							1 800

主管：　　　　会计：李克　　　　记账：　　　　保管：　　　　发料员：江海

图 3-11　领料单

7. 20 日，公司签发转账支票支付红星公司全部货款。银行转账支票存根如图 3-12 所示。

中国银行
转账支票存根
Ⅵ Ⅲ 00081120

科　　目 ＿＿＿＿＿＿＿
对方科目 ＿＿＿＿＿＿＿
出票日期 2008 年 11 月 20 日

收款人：红星公司
金　额：23 400.00
用　途：购买材料

单位主管：　　　　会计：李克

图 3-12　银行转账支票存根

8. 24 日，公司收到十月向阳光公司购买的 B 材料 4 000 千克，结算凭证尚未收到（合同单价为 5 元），办理入库手续。原材料入库单如图 3-13 所示。

原材料入库单
2008 年 11 月 24 日　　　　　　　　字第 081124 号

通知单号	种类	名称	规格	数　量		单位	计划单价（元）	成本总额（元）	明细账	
				送交	实收				号	页
		B 材料		4 000	4 000	千克	4.8	19 200	13	
备注：							合计	19 200		

负责人：　　　　记账：　　　　验收：孙阳明　　　　填单：邹克南
※第三联　财务记账

图 3-13　原材料入库单

9. 计算结转本月发出材料的计划成本和材料成本差异。相关资料如表 3 - 2、表 3 - 3 所示。

表 3 - 2　　　　　　　　　　　材料采购汇总表
2008 年 11 月 30 日　　　　　　　　　　　　单位：元

购入		原材料名称	数量	单位成本		总成本		差异额
月	日			计划	实际	计划	实际	
合　计								

制表：范豪

表 3 - 3　　　　　　　　　　　发出材料成本差异计算表
2008 年 11 月 30 日

材料差异分摊去向		原材料		
		计划成本	差异率	差异额
一车间	甲产品			
二车间	乙产品			
三车间	甲产品			
合　　计				

主管：　　　　　　　　　复核：　　　　　　　　　制表：范豪

二、实训要求

1. 了解材料采购的基本核算流程。
2. 掌握材料采购、入库、发出等基本环节的核算手续和方法。
3. 能熟练处理材料采购各个环节的相关业务。

三、实训组织

1. 企业原材料的日常收发采用计划成本核算。
2. 收入材料实际成本与计划成本的差异逐笔结转。
3. 材料成本差异按照材料类别分别核算，材料成本差异率月终计算。
4. 发出材料计划成本期末根据有关领料单编制汇总表一次结转，其应负担的材料成本差异，期末按本期材料成本差异率一次结转。
5. 采用永续盘存法进行材料清查盘点。

第四章 金融资产

一、交易性金融资产核算实训

1. 实训资料

（1）中江电气有限责任公司为增值税一般纳税人，2008 年 7 月初，其交易性金融资产及其相关账户余额如表 4-1 所示。

表 4-1 　　　　　　　中江电气有限责任公司 7 月初账户余额表 　　　　　　　单位：元

总账账户	二级账户	明细账户	借方余额	贷方余额
银行贷款			486 780	
其他货币资金		存出投资款	35 000	
交易性金融资产	股票*	成本	68 000	
		公允价值变动		5 000

* 交易性金融资产是企业持有的万科 A 股票 3 400 股。

（2）中江电气有限责任公司 2008 年 7 月初发生的有关交易性金融资产的业务核算资料如下：

①7 月 3 日，公司签发转账支票存出投资款 120 000 元，相关资料如图 4-1、图 4-2 所示。

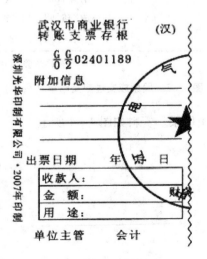

图 4-1 银行转账支票存根

安信证券武汉营业部
客户存款凭条

[存款]

流水号：468　　　　　　　　　　　　　　2008年7月3日

户名：　中江电气有限责任公司　　　　证券账号：A241710200

存入金额：￥120 000.00　　　　　　　余额：￥120 000.00

证券代码：600188

图4-2　客户存款凭条

②7月21日，公司购买股票，短期持有。资料如图4-3所示。

安信证券武汉营业部
股票成交过户交割单

21/7/2008　　　　　　　　　　　　　　　　　　　　【买入】

席位号：285500　　　　　　　　　　　　　　　　打印日期：20080721

股东名称：中江电气有限责任公司	成交编号：08082834
股东账号：0058088281	成交数量：3 000 股
资金账号：102232008084	成交价格：19.65
期初数量：0	成交金额：58 950
期初金额：0	佣　金：88.43
股票代码：600188	印花税：58.95
股票名称：兖州煤业	过户费：30.00
申报日期：2008 - 07 - 21	其他费用：0
申报编号：Z2258812	清算金额：59 127.38
备注：买入	成交时间：14:28
	清算日期：2008 - 7 - 21

经办单位　安信证券公司　　　　　　　　　客户签章　中江电气有限责任公司

图4-3　股票成交过户交割单（买入）

③7月29日，公司卖出股票。资料如图4-4所示。

安信证券武汉营业部

股票成交过户交割单

29/7/2008 【卖出】

席位号：285500 打印日期：20080729

股东名称：中江电气有限责任公司	成交编号：08082834
股东账号：0058088281	成交数量：2 000 股
资金账号：102232008084	成交价格：24.46
上次金额：3 000 股	成交金额：48 920
期初金额：0	佣 金：73.38
股票代码：600188	印花税：48.92
股票名称：兖州煤业	过户费：20.00
申报日期：2008 - 07 - 29	其他费用：0
申报编号：Z2258812	清算金额：48 777.70
备注：卖出	成交时间：14：28
	清算日期：2008 - 7 - 29

经办单位 安信证券公司 客户签章 中江电气有限责任公司

图 4 - 4 股票成交过户交割单（卖出）

④7 月 31 日，万科 A 股票市价为每股 8.80 元，兖州煤业股票市价为每股 19.18元。资料如表 4 - 2 所示。

表 4 - 2 **交易性金融资产公允价值变动计算表** 单位：元

股票名称	调整前账面价值			期末公允价值	公允价值增（＋）减（－）变动
	成本	公允价值变动			
		借方	贷方		
万科 A	68 000		5 000	29 920	
兖州煤业	19 650			19 180	

2．实训要求

（1）熟悉企业交易性金融资产核算的主要内容。

（2）掌握有关交易性金融资产核算的主要经济业务的确认、计量以及凭证的填制、审核的方法和使用手续。

（3）掌握企业交易性金融资产业务环节相关的知识及会计处理。

3．实训设计

（1）实训类型：单项实训。

（2）实训时间：1 学时。

（3）实训用纸：收款凭证 1 张；付款凭证 2 张；转账凭证 1 张；总分类账账页 4张；三栏式明细账账页 5 张；日记账账页 1 张。

二、应收账款核算实训

1. 实训资料

（1）武汉长兴公司为增值税一般纳税人，销售商品适用税率为17%。2007年12月初长兴公司应收账款、应收票据余额如表4-3所示。

表4-3   武汉长兴公司账户余额表   单位：元

总账账户	二级账户	明细账户	借方余额	贷方余额
应收账款		武汉大通公司	258 000	
武昌物流公司	32 000			
华中东调公司	5 000			
沈阳机修公司	128 000			
坏账准备				12 300
应收票据	商业承兑汇票	武汉电子厂	200 000	
	银行承兑票	武汉力发汽车厂	172 400	
其他应收款		江汉燃料厂	5 000	
		李平和	1 000	
	备用金	行政办公室	2 000	

（2）该公司2007年12月份发生的应收账款、应收票据业务核算资料如下：

12月1日，公司销售产品、代垫运费、当天办妥银行委托收款手续，相关资料如图4-5～图4-11所示。

委托收款凭证（回单）   1

委托日期：　年　月　日   委托号码：

付款人	全　　称		收款人	全　　称									
	账号或地址			账　　号									
	开户银行			开户银行				行号					

委托金额	人民币（大写）		千	百	十	万	千	百	十	元	角	分

款项内容		委托收款凭据名称		附寄单证张数	

备注：	款 项 收 妥 日 期	
		（收款单位开户行盖章）
	年　月　日	月　日

单位主管：   会计：   复核：   记账：

图4-5 银行委托收款凭证（回单）

湖北省增值税专用发票
记账联

4200052188

4005018

开票日期：2007 年 12 月 1 日

购货单位	名称：汉中电缆厂					密码区			
	纳税人识别号：421276240058312								
	地址、电话：宜昌市和平路 123 号 63641278								
	开户行及账号：市工商银行和平支行 3612758312								
货物或应税劳务名称	规格型号	单位	数量	单价(元)	金额(元)		税率(%)	税额(元)	
A 型机床		台	8	16 000.00	128 000.00		17	21 760.00	
合计					￥128 000.00			￥21 760.00	
价税合计（大写）	壹拾肆万玖仟柒佰陆拾元整				（小写）￥149 760.00				
销货单位	名称：武汉长兴公司					备注			
	纳税人识别号：420351240036237								
	地址、电话：武汉市望亭街 21 号 62512612								
	开户行及账号：市工商银行东西湖分理处 3602177233								

收款人：王云　　　　复核：　　　　开票人：　　　　　　销货单位（章）

※第三联　记账联　销货方记账凭证

图 4-6　增值税专用发票（第三联）

中国工商银行转账支票存根

支票号码　3211299
科　　目
对方科目
出票日期 2007 年 12 月 1 日

| 收款人：武汉市铁路局 |
| 金额：￥676.00 |
| 用途：代垫运杂费 |
| 备注（汉中电缆厂代垫） |

单位主管：　　　　　会计：

图 4-7　银行转账支票存根

武汉长兴公司
垫付费用报账凭证

委托单位：汉中电缆厂　　　　　　　　　　2007 年 12 月 1 日

摘要	费用项目	金额						备注
		千	百	拾	元	角	分	
	铁（公）路运输费		5	0	0	0	0	
	装卸搬运费							
	包装、手续费							
	保险费		1	7	6	0	0	
	其他							
	合计	￥	6	7	6	0	0	
合计金额（大写）	陆佰柒拾陆元整							

复核人：　　　　　　　经手人：　　　　　　　　　　制单人：

图 4-8　报账凭证

中国工商银行信汇凭证（回单）

汇款单位编号　　　　　　委托日期 2007 年 12 月 5 日　　　　　　第 0788184

汇款人	全　称	武汉长兴公司			收款单位	全　称	宜昌塑料厂		
	账号或地址	3602177233				账号或地址	3803156217		
	汇出地点	湖北省武汉市	汇出行名称	市工商银行东西湖分理处		汇入地点	湖北省武汉市	汇入行名称	市工商银行丁桥支行

金额	人民币（大写）	贰拾叁万元整	千	百	十	万	千	百	十	元	角	分

汇款用途：预付货款　　　　　　　　　　　汇出行盖章

单位主管：　　会计：　　复核：　　记账：　　　　　2007 年 12 月 5 日

图 4-9　银行信汇凭证（回单）

商　业　承　兑　汇　票

出票日期　贰零零柒年壹拾贰月捌日　　　　汇票号码 第 24567 号

付款人	全称	江汉宇光公司			收款人	全称			
	账号	3602082517				账号			
	开户银行	市工商银行江汉行	行号	3601		开户银行	市工商银行东西湖分理处	行号	3621

出票金额	人民币（大写）	壹拾捌万柒仟贰佰元整	千	百	十	万	千	百	十	元	角	分
				¥	1	8	7	2	0	0	0	0

汇票到期	贰零零捌年零伍月捌日		行号	3601
交易合同号码	10324	付款人	地址	武汉市解放路

本汇票已经承兑，到期日无条件支付票款。 　　　　　　承兑人签章 　　　　　　2007 年 12 月 8 日	本汇票请予以承兑，于到期日付款。 　　　　　　出票人签章

图 4 - 10　商业承兑汇票

湖北省增值税专用发票
记账联

4200052190　　　　　　　　　　　　　　　　　　　4006008

　　　　　　　　　　　　　　　　　　　　　　开票日期：2007 年 12 月 8 日

购货单位	名称：江汉宇光公司						密码区	
	纳税人识别号：420375230036125							
	地址、电话：武汉市安定路 72 号 86525850							
	开户行及账号：市工商银行江汉支行 3602082517							
货物或应税劳务名称	规格型号	单位	数量	单价（元）	金额（元）	税率（%）	税额（元）	
A 型机床		台	10	16 000.00	160 000.00	17	27 200.00	
合计					¥ 160 000.00		¥ 27 200.00	
价税合计（大写）	壹拾捌万柒仟柒佰贰佰元整			（小写）　¥ 187 200.00				
销货单位	名称：武汉长兴公司						备注	
	纳税人识别号：420351240036237							
	地址、电话：武汉市望亭街 21 号 62512612							
	开户行及账号：市工商银行东西湖分理处 3602177233							

收款人：王云　　　　复核：　　　　开票人：　　　　销货单位（章）

图 4 - 11　增值税专用发票（第三联）

12 月 16 日，公司持商业汇票向银行贴现。贴现凭证如图 4－12 所示。

贴现凭证（收账通知）

申请日期 2007 年 12 月 16 日　　　　第 36127 号

持票人	全　称	武汉长兴公司	贴现汇票	种类	商业承兑汇票	号码	sc02873
	账　号	3602177233		出票日	2007 年 11 月 16 日		
	开户银行	市工商银行东西湖分理处		到期日	2008 年 2 月 16 日		
汇票承兑人（或银行）	名称	武汉电子厂	账号	3602162375	开户银行	市工商银行桥东支行	
汇票现金（即贴现金额）	人民币（大写）	贰拾万元整		千百十万千百十元角分	¥ 2 0 0 0 0 0 0 0		
贴现率每月		千百十万千百十元角分	¥ 4 0 0 0 0 0	实付贴现金额	千百十万千百十元角分	¥ 1 9 6 0 0 0 0 0	
上述款项已转入你单位账户 此致　转讫 银行盖章 敬礼 2007 年 12 月 16 日			备注：				

图 4－12　贴现凭证

12 月 20 日，公司收到货款，凭证如图 4－13 所示。

中国工商银行托收承付凭证（收账通知）　　第 0013428 号

委托日期 2007 年 12 月 13 日

收款人	全　称	武汉长兴公司			付款人	全　称	武汉大通公司
	账　号	3602177233				账号或地址	3605218726
	开户银行	市工商银行东西湖分理处	行号	3621		开户银行	市工商银行汉阳分行
托收金额	人民币（大写）	贰拾伍万捌仟元整				千百十万千百十元角分	¥ 2 5 8 0 0 0 0 0
附　件			商品发运情况			合同名称号码	
附寄单证张数或册数	3		铁路			HJ00127	
备注：		上列款项已由付款人开户行全额划回并收入你方账户内 （收款人开户银行盖章） 12 月 20 日			科目 对方科目 转账　年　月　日 单位主管　会计 复核　记账		

此联是收款单位开户银行在款项收妥后给收款单位的收账通知

付款单位开户行　收到日期 2007 年 12 月 18 日　　支付日期 2007 年 12 月 20 日

图 4－13　银行托收承付凭证

12 月 22 日，票据到期，办理进账，进账单、汇票如图 4 - 14 和图 4 - 15 所示。

中国工商银行进账单（收账通知）

年　月　日　　　　　　　　　　　　　第 0015 号

出票人	全称		持票人	全称		千	百	十	万	千	百	十	元	角	分
	账号			账号											
	开户银行			开户银行											
人民币（大写）															
出票种类															
出票张数															
单位主管　　会计　　复核　　记账				持票人用章　行盖章											

图 4 - 14　银行进账单

银行承兑汇票

出票日期（大写）　贰零零柒年零玖月零伍日　　　　汇票号码 第 IC0453 号

出票人全称	武汉立发汽车厂	付款人	全　称	武汉长兴公司										
出票人账号	3603196217		账　号	3602177233										
付款行全称	市工商银行江岸支行		开户银行	市工商银行东西湖分理处										
汇票金额	人民币（大写）　壹拾柒万贰仟肆佰元整				千	百	十	万	千	百	十	元	角	分
						￥	1	7	2	4	0	0	0	0
汇票到期日	贰零零柒年壹拾贰月贰拾贰日	付款行	行号	3605										
承兑协议编号	00237		地址	中山路 78 号										

本汇票请你行承兑，到期无条件付款。

财务专用章　武汉力发汽车厂

出票人签章

本汇票已经承兑，到期日由本行付款。

承兑行签章

承兑日期 2007 年 9 月 5 日

备注：

科目（借）
对方科目（贷）

转账　　年　月　日

复核　　　记账

图 4 - 15　银行承兑汇票

12 月 25 日，确认坏账。单据如图 4 - 16 所示。

应收华中东调公司货款 5 000 元，逾期 3 年无法收回，经批准同意核销。

厂长（签字）：李德刚

2007 年 12 月 25 日

武汉市中汇会计师事务所注册会计师：丁晨

2007 年 12 月 25 日

图 4 - 16　确认坏账单据

12 月 30 日公司计提坏账准备，经测试，应收账款坏账准备计提比例为应收账款年末余额的 5%，其他应收账款坏账准备计提比例为其他应收账款年末余额的 1%。坏账准备计提表如表 4 - 4 所示。

表 4 - 4 坏账准备计提表

年　月　日

项目	账面余额	计提比例	应提准备数	账面已提数	应补提（冲减）数
应收账款					
其他应收款					
合计					

2．实训要求

（1）熟悉应收账款的确认以及计价的主要业务内容。

（2）掌握坏账准备的计提及坏账核销的相关知识及会计处理。

（3）掌握（无息、带息）应收票据及票据贴现的会计处理。

3．实训设计

（1）实训类型：单项实训。

（2）实训时间：2 学时。

（3）实训用纸：通用凭证 8 张；总分类账账页 7 张；三栏式明细账账页 1 张。

第五章　长期股权投资

一、实训资料

汇丰有限责任公司 2009 年 12 月初长期股权投资明细账户余额如表 5 - 1 所示。

表 5 - 1　　　　　　　　　12 月初账户余额表　　　　　　　　　单位：元

一级明细账户	二级明细账户	借方余额	贷方余额
南方股份		9 010 000	
天龙股份		6 000 000	
	成本	4 000 000	
	损益调整	1 500 000	
	其他权益变动	500 000	
梅林股份		50 000	
中原股份		4 550 000	
	成本	3 500 000	
	损益调整	850 000	
	其他权益变动	200 000	
华润股份		5 150 000	

2009 年 12 月该公司发生如下经济业务：

1. 12 月 1 日，公司将银行存款 21 500 000 元，划转到证券公司资金户，准备购买股票。银行转账支票存根如图 5 - 1 所示。

中国工商银行转账支票存根

支票号码：001201

科目

对方科目

出票日期　2009 年 12 月 1 日

收款人：汇丰有限责任公司

金额：￥21 500 000.00

用途：购买股票

单位主管　张祥军　会计

图 5 - 1　银行转账支票存根

银行转存凭证如图 5-2 所示。

济南市证券营业部(银行转存)凭证
2009 年 12 月 1 日

收款人	全　称	汇丰实业有限公司	付款人	全　称	汇丰实业有限公司
	账号或地址	618568		账号或地址	888999
	开户银行	证券公司办事处		开户银行	中心路办事处

人民币（大写）：贰仟壹佰伍拾万元整	千	百	十	万	千	百	十	元	角	分
	2	1	5		0	0	0	0	0	0

票据种类	转账支票	收款人开户银行盖章
票据张数	1	转讫
单位主管　　会计　　复核　　记账		

图 5-2　银行转存凭证

2. 12 月 7 日，公司再次购买南方股份普通股股票 2 500 000 股，准备长期持有，占南方股份 15% 的股权，通过证券公司资金专户划转款项，相关资料如图 5-3、图 5-4 所示。（成本法转换为权益法）

济南证券中央登记结算公司

成交过户交割单　　　　2009 年 12 月 7 日　　买

股东编号	C1317912	成交证券	南方股份
电脑编号	63215	成交数量	2 500 000 股
公司名称	汇丰有限责任公司	成交价格	8 元
申报编号	120715	成交金额	20 000 000 元
申报时间	12 月 5 日	佣　金	20 000 元
成交时间	200912101040	过户费	
上次余额	1 800 000 元	印花税	
本次成交	2 500 000 元	应付金额	20 020 000 元
本次余额	4 300 000 元	到期日期	
本次库存	4 300 000 元	到期金额	

济南市税务局监制

③通知联

汇丰有限责任公司 财务专用章

经办单位：证券公司门市部　　　　客户签章：

图 5-3　成交过户交割单

特殊记账附件 003

公司原持有的 180 万股南方股份是 2008 年 7 月 5 日购买的,占南方股份 10％的股权,购买价格为 5 元/股,另付相关手续费等 10 000 元,当时南方股份可辨认净资产公允价值总额为 9 500 万元(与账面价值相同),公司对其采用成本法核算。目前南方股份可辨认净资产公允价值总额为 12 500 万元(其中,2008 年实现净利润 800 万元,2009 年实现净利润为 1 500 万元,未派发现金股利)。

投资合同备查文件 HFHT—12—006

会计主管:张祥军

图 5-4 特殊证账附件

3. 12 月 11 日,公司购买东风科技股份普通股股票 10 000 股作为长期股权投资,通过证券公司资金专户划转款项,资料如图 5-5 所示。

济南证券中央登记结算公司

成交过户交割单　　　　2009 年 12 月 11 日　　买

股东编号	B111111	成交证券	东风科技股份
电脑编号	12345	成交数量	10 000 股
公司名称	汇丰有限责任公司	成交价格	10 元
申报编号	120110	成交金额	100 000 元
申报时间	12 月 10 日	佣　金	900 元
成交时间	200912101010	过户费	
上次余额	0	印花税	
本次成交	10 000 元	应付金额	100 900 元
本次余额	10 000 元	到期日期	
本次库存	10 000 元	到期金额	

经办单位:证券公司门市部　　　　客户签章:

图 5-5 成交过户交割单

4. 12 月 12 日,根据投资合同,公司以一批 B 产品作为对山东外贸公司的长期股权投资,协议已签订。公司已开出增值税专用发票,有关产品提交手续已办妥,相关资料如图 5-6、图 5-7、图 5-8 所示。

产 品 出 库 单

用途：对外投资　　　　　　　2009 年 12 月 12 日　　　　　凭证编号：051218

产成品库：一号

类别	编号	名称及规格	计量单位	数量	单位成本（元）	总成本（元）	附注：
	002	B 产品	件	100	1 800	180 000	已计提 20 000 元减值准备，评估确认按市场价格投资
合　计				100	1 800	180 000	

记账：张可　　　　保管：王洪强　　　　检验：张必琼　　　　制单：李伟浩

图 5-6　产品出库单

投 资 协 议 书

2009 年 12 月 11 日

投资单位	汇丰有限责任公司（甲方）	接受单位	山东外贸公司（乙方）
账号或地址	888999	账号或地址	9987125
开户银行	工行中心路办事处	开户银行	工行人民路办事处
投资金额	人民币（大写）：贰拾叁万肆仟元整		

经双方友好协商达成如下协议：

协　1、投资期限为 5 年。

议　2、在投资期限内甲方不得抽回投资。

条　3、在投资期限内乙方保证甲方投资保值和增值。

款　4、在投资期限内乙方应按利润分配规定支付甲方利润。

　　5、未尽事宜另行商定。

甲方代表签字：刘伟民　　　　　　乙方代表签字：谭建国

图 5-7　投资协议书

山东增值税专用发票

开票日期：2009 年 12 月 12 日　　记账联　　No.00187970

购货单位	名　　称：山东外贸公司 纳税人识别号：465280104078254 地址、电话：山大路 6 号　87251260 开户行及账号：工行人民路办事处 9987125	密码区	**6546//1208>>-02　加密版本 号：01 73-+11/95855427+34*+ //-275+6*95>>4+6312001 400002145 *4250>>-+>>2/4/4//>>>-1 00187970

货物及应税劳务名称	规格型号	单位	数量	单价（元）	金额（元）	税率（%）	税额（元）
B 产品		件	100	2000	200 000	17	34 000
合计					200 000		34 000

价税合计（大写）	贰拾叁万肆仟元整	（小写）￥234 000.00	

| 销货单位 | 名　　称：汇丰有限责任公司
纳税人识别号：465280104000456
地址、电话：中心路 451 号 0531-82568278
开户行及账号：工行中心路办事处 888999 | 备注 | 汇丰有限责任公司
发票专用章
税号：465280104000456 |

收款人：　　　复核：　　　开票人：冯小刚　　　销货单位（章）：

图 5-8　增值税专用发票

5. 12 月 18 日，公司将持有 25% 股权的天龙股份出售 60%，并改为成本法核算，通过证券公司资金专户划转款项，资料如图 5 - 9 所示。

济南证券中央登记结算公司

成交过户交割单　　　2009 年 12 月 18 日　　　 卖

股东编号	A0099	成交证券	普通股股票
电脑编号	Z0077	成交数量	240 000 股
公司名称	天龙公司	成交价格	18 元
申报编号	120107	成交金额	4 320 000 元
申报时间	12 月 17 日	佣 金	4 320 元
成交时间	200912171520	过 户 费	
上次余额	400 000 元	印 花 税	4 320 元
本次成交	240 000 元	应收金额	4 311 360 元
本次余额	160 000 元	到期日期	
本次库存	160 000 元	到期金额	

（左侧竖排）济南市税务局监制

（右侧竖排）③通知联

（印章）汇丰有限责任公司 财务专用章

经办单位：证券公司门市部　　　客户签章：

图 5 - 9　成交过户交割单

6. 12 月 23 日，公司接证券营业部收账通知，收到梅林股份发放的现金股利 5 000 元，此款已转入证券公司资金专户，资料如图 5 - 10 所示。

中国工商银行**进账单**（回单或收账通知）

2009 年 12 月 23 日

收款人	全　称	汇丰实业有限公司	付款人	全　称	梅林股份
	账号或地址	618568		账号或地址	618168
	开户银行	工行证券公司办事处		开户银行	工行证券公司办事处

人民币（大写）：伍仟元整

千	百	十	万	千	百	十	元	角	分
				5	0	0	0	0	0

票据种类	转账支票
票据张数	1

收款人开户银行盖章：（印章）中国工商银行证券公司办事处 转讫

单位主管　　会计　　复核　　记账

图 5 - 10　银行进账单

7. 12 月 28 日，接通知，中原公司当年实现净收益 400 000 元，公司持有该公司 30% 的股份（采用权益法），按持股比例计提投资损益，资料如图 5 - 11 所示。

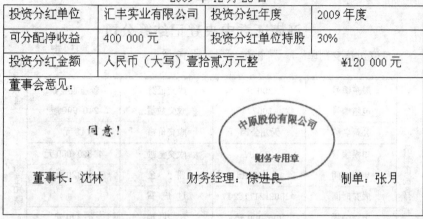

图 5 - 11　投资分红通知单

8.　12 月 31 日，由于华润股份有限公司经营不善，发生严重亏损，公司对持有的华润股份有限公司股票进行减值测试，确认减值损失，资料如图 5 - 12 所示。

特殊记账附件 006

由于华润股份有限公司经营不善，发生严重亏损，2009 年 12 月 31 日经减值测试，确认本公司持有的华润股份有限公司股票可收回金额为 350 万元。2007 年 1 月 25 日购买该公司股票 100 万股，成本 515 万元，占华润股份有限公司 8% 的股权，自投资至今，本公司未对该长期股权投资计提过减值，华润股份有限公司也未分配过红利。

图 5 - 12　特殊记账附件

二、实训要求

1.　记账凭证编制全面、正确、规范，与所依据的原始凭证相符。长期股权投资成本、投资收益、长期股权投资减值准备等计算正确。制证、审核等有关人员签名或盖章。

2.　长期股权投资明细账的设置与登记完整、正确、规范。

三、实训用表（用具）

1.　通用记账凭证 15 张。

2.　三栏式明细账账页 12 张。

四、实训组织

1. 根据实训资料，开设"长期股权投资"明细账。

2. 根据实训资料编制记账凭证，并将依据的原始凭证附于记账凭证之后。

3. 依据现行企业会计准则、企业会计制度的有关规定，对所编制的记账凭证进行认真审核并签字或盖章。

4. 根据审核无误的记账凭证并参考原始凭证，登记"长期股权投资"明细账。

5. 全部经济业务入账后，结算"长期股权投资"明细账户的本期发生额和期末余额。

第六章　固定资产

一、实训资料

广东立竣机床股份有限公司 2009 年 12 月月初相关账户余额如表 6 - 1 所示。

表 6 - 1　　　　　　　　　　　12 月月初账户余额表

总账账户	明细账户	借方余额（元）	贷方余额（元）
固定资产		56 240 000.00	
	生产用	53 400 000.00	
	非生产用	2 390 000.00	
	不需用	150 000.00	
	未使用	300 000.00	
累计折旧			17 846 033.00
固定资产减值准备			450 000.00
	房屋及建筑物减值准备		150 000.00
	机器设备减值准备		300 000.00
在建工程		2 006 000.00	
	高频设备工程	6 000.00	
	冲天炉工程	2 000 000.00	
在建工程减值准备			100 000.00

2009 年 12 月该公司发生如下经济业务：

1. 12 月 4 日，公司向广东外贸公司融资租入西门子电机生产流水线一套，用中国银行存款支付首租费与安装费，相关资料如图 6 - 1、图 6 - 2 所示。

记账特殊附件（002）

12月4日，公司向广东外贸公司融资租入西门子电机生产流水线一套，准备于 2010 年扩大生产，生产立竣三号机床。根据租赁合同，租金共6 000 000元，每年年末付款一次，分五年平均付清。首次付款于资产租入日支付。公司付清全部租金后，取得该设备的所有权。在设备的安装过程中，发生安装调试费40 000元。

融资租赁合同备查公司文件ＧＤＬＪＨＴ－１２－００５。

备注：该项融资租赁资产由于占本企业资产总额的4%左右，故将其直接作为固定资产入账。

图 6-1　记账特殊附件

中国银行支票存根(粤)
　　　IX II 20106104

科目

对方科目

出票　2009 年 12 月 4 日
日期

收款人：　广东外贸公司

金额：￥1 240 000.00

用途：　首期租费和安装费

单位
主管　刘本松　会计

图 6-2　银行支票存根

2. 12月6日，公司以一套进口设备对阳江机床厂投资，公司投资占阳江机床厂的股份为37%。阳江公司股权在活跃市场中没有报价、公允价值不能可靠计量，相关资料如图6-3、图6-4所示。

记账特殊附件（004）

12月6日，公司以一套进口设备对阳江机床厂投资，该套设备账面价值为4 500 000元，已提折旧1 500 000元，评估确认的固定资产净值为3 500 000元。公司投资占阳江机床厂的股份为37%。（权益法计算）

投资合同备查公司文件ＧＤＬＪＨＴ－１２－００７。

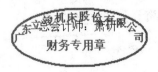

图 6-3　记账特殊附件

固定资产调出单

凭证编号：G_C20011201

2009 年 12 月 6 日

固定资产名称及编号	规格型号	单位	数量	预计使用年限	已使用年限	原始价值（元）	已提折旧（元）	双方确认价（元）
磨刀机床生产线	dqv	套	1	10	3年零4个月	4 500 000.00	1 500 000.00	3 000 000.00
固定资产调出原因	根据股东大会101决议对阳江机床厂投资							
处理意见	使用部门		技术评估小组		固定资产管理部门		股东大会审批	
	同意调出		确认价属实		同意调出		同意调出	

图 6-4 固定资产调出单

3. 12 月 11 日，设备清查上报公司股东大会，如图 6-5 所示。

固定资产盘盈盘亏报告表

2009 年 12 月

固定资产编号	固定资产名称	盘盈			盘亏			毁损			原因
		数量	重估价值（元）	估计已提折旧额（元）	数量	原价值（元）	已提折旧额（元）	数量	原价价值	已提折旧额	
1000101	C6104A车床	1	80 000	35 000							账外物资
1000108	T618镗床				1	50 000	25 000				丢失
处理意见	使用部门			清理小组			审批部门				
	C6140A车床进账形成固定资产，T618镗床核销			同意同意							

处理日期：2009 年 12 月 11 日

图 6-5 固定资产盘盈盘亏报告表

4. 12 月 16 日，加工车间有一台普通车床，由于导轨毁坏齿轮打碎等原因，经批准报废处理，资料如图 6-6 所示。

固定资产报废单

2009 年 12 月 16 日　　　　　凭证编号：G_B20011201

固定资产名称及编号	规格型号	单位	数量	预计使用年限	已使用年限	原始价值（元）	已提折旧（元）	备注
普通车	C620	台	1	10	5	43 000.00	21 000.00	
固定资产状况及报废原因	导轨损害齿轮打碎等原因							

处理意见	使用部门	技术鉴定小组	固定资产管理部门	股东大会审批
	无法修理	情况属实	同意转入清理	同意报废

图 6-6　固定资产报废单

5. 12 月 17 日，以现金支付加工车间 C620 普通车床报废清理费，相关资料如图 6-7、图 6-8 所示。

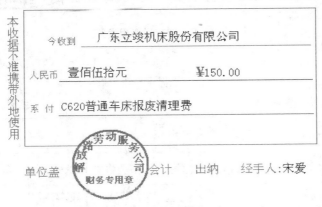

图 6-7　收据

支　付　证　明　单

2009 年 12 月 17 日

总号＿＿＿＿第＿＿＿号
分号＿＿＿字第＿＿＿号

科目：

事 由 或 品 名	数量	单位	单 价	金 额 十万千百十元角分
C802普通车床报废清理费				15000

共计金额	零拾零万 零仟壹佰 伍拾零元 零角零分￥150.00		
受 款 人		未能取得单据原因	

主管人 刘本松　会计 杨雪琴　出纳 马枚　记账　　证明人 刘静　经手人 张超

图 6-8　支付证明单

6. 12 月 18 日，用已开出的银行汇票支付高频设备款，设备已被送往工地，等待安装，相关资料如图 6-9、图 6-10 所示。

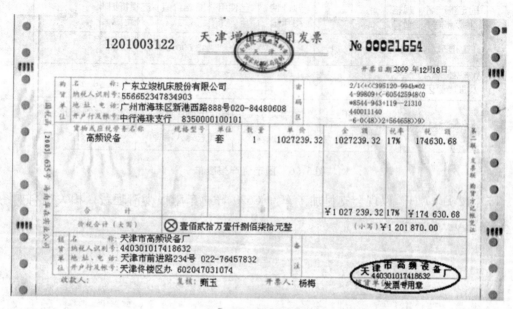

图 6-9　增殖税专用发票

工程用料领用单

领用工程：高频工程　　　　　2009 年 12 月 18 日　　　　　编号：0001

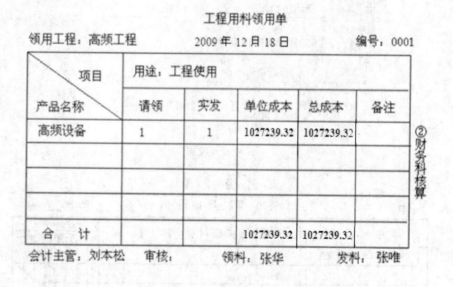

图 6-10　工程用料领用单

7. 12 月 20 日，公司购进一辆五羊—本田小汽车，货款用中国银行账户转账支票支付，相关资料如图 6-11、图 6-12、图 6-13 所示。

中国银行支票存根(粤)
IX II 20106123

科目
对方科目
出票
日期　2009 年 12 月 20 日
收款人：　广东东豪汽车
　　　　　　公司

金额：￥256 000.00

用途：　　购汽车

单位
主管　刘本松　会计

图 6 - 11　银行支票存根

图 6 - 12　增值税专用发票

固定资产入库单

2009 年 12 月 20 日　　　　凭证编号：G - A20091201

固定资产名称及编号	规格型号	单位	数量	预计使用年限	已使用年限	原始价值（元）	已提折旧（元）	备注
五羊一本田小汽车		辆	1	5		256 000.00		
固定资产状况	新车							

何时购入	进入方式	入账价值	固定资产管理部门	会计主管
2009/12/20	购进	256 000.00	建挡	刘本松

图 6 - 13　固定资产入库单

8. 12 月 20 日公司报废 C620 普通车床的残值收入转入中国银行账户，并结转 C620 普通车床的净损失，相关资料如图 6-14、图 6-15 所示。

中国银行　　　　　　　　　　（粤）7074892

资金汇划（贷方）补充凭证

行名：中行海珠支行　　　　　　　　收报日期：20091220

业务种类：转账

收款人账号：8350000100101　　　　付款人账号：210-36978-032

收款人户名：广东立竣机床股份有限公司

付款人户名：广州废品回收公司

大写金额：壹万伍千元整　　　　　　收报流水号：854565213

小写金额：￥15 000.00　　　　　　收报行行号：125442554

发报流水号：44544565

发报行行号：23512222　　　　　　发报日期：20091220

发报行行名：工行洪山区支行　　　　延时付款指令：非延时付款

打印日期：20091220

用途：报废车床残值　　　　　　　　20091220

附言？　　　　　　　　　　　　　　转讫（6）

收电：　　　　　记账：　　　　　复核：

图 6-14　资金汇划补充凭证

收据三联(01)

广州市统一收款收据　　　NO.7545360

第三联：记账（不准代替发票使用）　　2009 年 12 月 20 日

本收据不准携带外地使用

今收到　广州废品回收公司

人民币　壹万伍千元整　　　￥ 15 000.00

系 付　报废车床残值

东立竣机床股份有限公司

2233441234789

发票专用章

单位盖章：　　会计：林利　出纳：肖沙　经手人：张大海

图 6-15　收据

9. 12 月 21 日，公司以银行存款支付高频设备安装款，相关资料如图 6-16、图 6-17 所示。

图 6-16 银行支票存根

图 6-17 财务发票

10. 12 月 23 日，公司根据广东立竣机床厂股份有限公司六届三次股东大会的决议，用自制半成品与广州和生机电公司进行设备交易，相关资料如图 6-18、图 6-19、图 6-20、图 6-21、图 6-22、图 6-23、图 6-24、图 6-25 所示。

中国银行支票存根(粤)
IX II 20106129
科目
对方科目
出票日期 2009年 12 月 23 日
收款人：广州通达联运公司
金额：¥7650.00
用途：搬运费
单位主管 刘本松 会计

图 6 - 18 银行支票存根

记账特殊附件（011）

根据广东立竣机床股份有限公司六届三次股东大会的批准，广东立竣机床股份有限公司用公司自制半成品与广州和生机电公司的 Txx60 磨床进行对换，合同备查。

12 月 23 日，广东立竣机床股份有限公司中行存款支付搬运费 **7 650** 元，Txx60 磨床验收建档。

股权交易合同备查公司文件 **GDLJJHT-12-031**。

广东立竣机床股份有限公司 财务专用章
总会计师 萧研

图 6 - 19 记账特殊附件

广东省广州市货运运输发票
全国统一发票监制章 广东省广州市地方税务局监制
发票联
地 税 监
（295450—010101）

查询电话：（020）83992888　　查询号码：45051570581
顾客名称：广东立竣机床股份有限公司
地　　址：广州市海珠区新港西路888号　　2009 年 12 月 23 日填发

项　目	说　明		金额（千百十元角分）	
搬运费		超过万元无效	765000	第二联：顾客报账
合计人民币（大写）	柒仟陆佰伍拾零元零角零分	合计	765000	

填票　　收款人 刘乾　　收款单位名称（盖章）
广州通达联运公司 发票专用章 44030101?118632

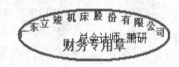

图 6 - 20 货运运输发票

固定资产入库单

2009 年 12 月 23 日　　　　　　凭证编号：11

固定资产名称及编号	规格型号	单位	数量	预计使用年限	已使用年限	原始价值（元）	已提折旧（元）	备注
TXX60磨床	XL01	台	1	5	0	1 607 650.00	0	1 607 650.00

| 固定资产状况 | 全新 | | | | | | | |

何时购入	进入方式	入账价值（元）	固定资产管理部门	会计主管
2009/12/23	非货币性交易	1 607 650.00	建挡	刘本松

图 6-21　固定资产入库单

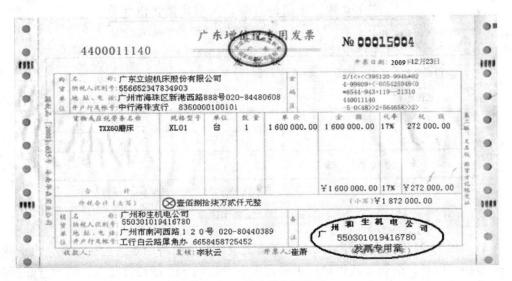

图 6-22　增值税专用发票

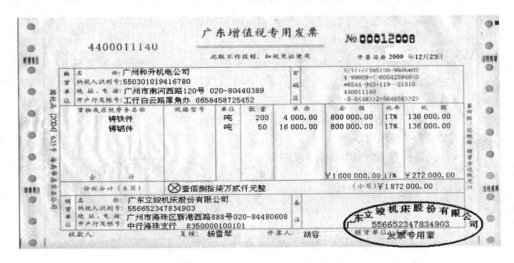

图 6-23　增值税专用发票

广东立竣机床股份有限公司商品销售出库单

编号：NO.2122902
客户名称：江西机电公司   2009 年 12 月 23 日

商品名称	规格	单位	数量	单价（元）	金 额（元）									
					亿	千	百	十	万	千	百	十	元	角	分
铸铁件		吨	200	4 000.00			8	0	0	0	0	0	0	0
合　计						￥	8	0	0	0	0	0	0	0

合计人民币（大写）捌拾万元整

主管：刘本松　　　　发货人：张唯　　　　收货人：张建超　　　　制单人：张唯

第二联：交财务部门

图 6－24　销售出库单

广东立竣机床股份有限公司商品销售出库单

编号：NO.2122903
客户名称：广州和生机电公司   2009 年 12 月 23 日

商品名称	规格	单位	数量	单价（元）	金 额（元）									
					亿	千	百	十	万	千	百	十	元	角	分
铝铁件		吨	50	16 000.00			8	0	0	0	0	0	0	0
合　计						￥	8	0	0	0	0	0	0	0

合计人民币（大写）捌拾万元整

主管：刘本松　　　　发货人：张唯　　　　收货人：张建超　　　　制单人：张唯

第二联：交财务部门

图 6－25　销售出库单

11. 12 月 24 日，欠公司款的南海飞跃机械厂发生财务困难，无法清偿公司债务，经双方协商同意，南海飞跃机械厂用一台大众桑塔纳 330 抵偿该债务，汽车已开回公司。该笔应收账款已经计提坏账准备，相关资料如图 6－26、图 6－27 所示。

记账特殊附件（012）

　　12月24日，欠公司款200 000元的南海飞跃机械厂发生财务困难，无法清偿公司债务，经双方协商同意，南海飞跃机械厂用一台大众桑塔那330抵偿该债务，该汽车原始价值325 000元，累计折旧145 000元，评估确认该汽车的现值为180 000元，汽车已开回公司。该笔应收账款已经计提坏账准备4 000元。

　　债务重组合同备查公司文件GDLJHT-12-018。

广东立竣机床股份有限公司
财务专用章
总会计师：萧研

图 6－26　记账特殊附件

固定资产入库单

凭证编号：G-A20091202

2009 年 12 月 24 日

固定资产名称及编号	规格型号	单位	数量	预计使用年限	已使用年限	原始价值（元）	已提折旧（元）	评估价（元）
大众桑塔那	330	辆	1	5	1	3 250 000.00	145 000.00	180 000.00

| 固定资产状况 | 八成新车 | | | | | | | |

何时购入	进入方式	入账价值(元)	固定资产管理部门	会计主管
2009/12/24	抵债	196 000.00	建挡	刘本松

图 6-27　固定资产入库单

12. 12 月 25 日，高频设备安装完工，交付加工车间使用，资料如图 6-28 所示。

固定资产竣工工程交接单

单项工程 _____　　　　　2009 年 12 月 25 日　　　　　附件 ____ 页

资产名称	规格型号	计量单位	数量	开工日期	竣工日期	实际成本(元)				备注
						设备费	安装费	借款利息	合计	
高频设备	GPI	台	1	21	25	1 027 239.32	8 500.00	6 000.00	1 041 739.32	

移交单位	设备处	负责人	江山	接受单位	加工车间	负责人	雄伟
		会计主管				会计主管	
		经办人	龚朴			经办人	裴实

图 6-28

13. 12 月 26 日，用中国银行存款预付铸造车间冲天炉项目施工款，相关资料如图 6-29、图 6-30 所示。

中国银行支票存根(粤)

IX II 20106131

科目

对方科目

出票日期　2009 年 12 月 26 日

收款人：广州机电安装公司

金额：￥15 000.00

用途：预付冲天炉施工款

单位主管　刘本松　会计

图 6-29　银行支票存根

预付款项申请单

2009 年 12 月 26 日

申请金额:15 000.00元	批准金额:15 000.00元	预付方式: 转账支票	
收款单位:广州机电安装公司	收款单位开户行:市农行越秀区办		账号:8011-7-004
预付内容: 　　铸造车间冲天炉项目施工款.			
合同(协议)总金额:30 000.00元		已预付款:	
附合同　　份,书面协议　　份,合同号 A303			
预计到货或工程完工时间:2010 年 12 月 26 日			
批准人:　　总会计师　萧研			
执行情况			

单位主管:刘本松　　申请人:李小云　　财务科长:杨雪琴　　财务经办:张红

图 6-30

14. 12 月 31 日公司将闲置的 XBZW 铣床出售，款项已收入中国银行账户，相关资料如图 6-31、图 6-32、图 6-33 所示。

⊙ 中 国 银 行　　　　　　　　（粤）70748923

资金汇划（贷方）补充凭证　　　回单

行名: 中行海珠支行　　　　　　　　　收报日期: 20091231
业务种类: 转账
收款人账号: 8350000100101　　　付款人账号: 234-56789-046
收款人户名: 广东立竣机床股份有限公司
付款人户名:红卫机械厂
大写金额: 叁万元整　　　　　　　收报流水号: 001222213
小写金额: ￥30 000.00　　　　　收报行行号: 125041054
发报流水号: 44544254
发报行行号: 23445022　　　　　　　　　　　　发报日期: 20091231
发报行行名: 人民路办　　　　中国银行海珠支行
打印日期: 20091231　　　　　　20091231
用途: XBZW铣床　　　　　　延时付款指令: 非延时付款
附言　　　　　　　　　　　转讫
　　　　　　　　　　　　　　(6)

收电:　　　　　记账:　　　　　复核:

图 6-31　资金汇划补充凭证

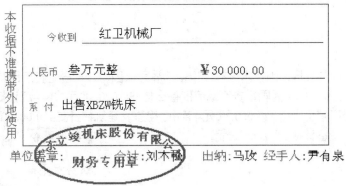

图 6-32 收据

固定资产出库单

2009 年 12 月 31 日　　　　凭证编号：G_C20011203

固定资产名称及编号	规格型号	单位	数量	预计使用年限	已使用年限	原始价值（元）	已提折旧（元）	评估价（元）
5000801 XBZW铣床		台	1	10	6	50 000.00	30 000.00	30 000.00

固定资产状况	长期不使用

何时购入	进入方式	调出方式	固定资产管理部门	会计主管
2004/12/24	购入	卖出	同意	刘本松

图 6-33 固定资产出库单

15. 12 月 31 日，公司计提本月固定资产折旧，资料如图 6-34 所示。

固定资产及固定资产折旧情况表

单位：广东立竣机床股份有限公司　　2009 年 12 月　　　　　　单位：仟元

| 项目\科目 | 生产用 | | | | | 非生产用 | 不需用 | 未使用 | 合计 |
	铸造车间	加工车间	装配车间	供气车间	机修车间	厂部			
房屋、建筑物	15 000.00	6 000.00	9 000.00	900.00	720.00	880			32 500.00
机械设备	6 480.00	2 040.00	2 640.00	480.00	600.00	—	15.00	30.00	12 690.00
运输工具	1 080.00	900.00	720.00	—	420.00	360.00			3 480.00
其他	2 100.00	1 920.00	1 980.00	420.00	—	1 150.00			7 570.00
合计	24 660.00	10 860.00	14 340.00	1 800.00	1 740.00	2 390.00			56 240.00
折旧情况									
房屋、建筑物	25.00	10.00	15.00	1.50	1.20	1.466 67			54.166 667
机械设备	54.00	17.00	22.00	4.00	5.00	—	1.25	2.50	105.75
运输工具	18.00	15.00	12.00	—	7.00	6.00			58.00
其他	17.50	16.00	16.50	3.50	—	9.583 333			63.083 333
合计	114.50	58.00	65.50	9.00	13.20	17.05	1.25	2.50	281.00

固定资产提取折旧时均采用平均年限法，其中房屋建筑物折旧期限为50年，机械设备为10年，运输工具为5年，其他均为10年，假设所有固定资产均不计残值。

图 6-34

16. 12 月 31 日，因技术过时、设备落后等原因，固定资产可收回金额已低于账面价值计提固定资产减值准备，资料如图 6－35 所示。

记账特殊附件（020）

12月31日，因技术过时、设备落后等原因，公司固定资产已减值590 000.00元。因固定资产减值准备已提450 000.00元，本年应计提固定资产减值准备140 000.00元。其中：房屋及建筑物计提400 00.00元；机器设备计提100 000.00元。

广东立竣机床股份有限公司 财务专用章

总会计师：萧研

图 6－35　记账特殊附件

17. 12 月 31 日，因冲天炉项目在性能上已显落后，该在建工程实际上已减值，计提在建工程减值准备，资料如图 6－36 所示。

记账特殊附件（021）

12月31日，因冲天炉项目在性能上已显落后，该在建工程实际上已减值200 000.00元。因在建工程减值准备已提100 000.00元，本年应计提在建工程减值准备100 000.00元。

广东立竣机床股份有限公司 财务专用章

总会计师：萧研

图 6－36

18. 12 月 31 日，公司处理本月盘盈、盘亏的固定资产，资料如图 6－37 所示。

处理盘盈盘亏固定资产表

固定资产编号	固定资产名称	数量	原值	已提折旧	盘盈/盘亏	处理意见
1000101	C6140A车床	1	80 000.00	35 000.00	盘盈	以前年度差错
1000108	T618镗床	1	50 000.00	25 000.00	盘亏	作营业外支出

图 6－37

二、实训要求

1. 记账凭证编制全面、正确、规范，与所依据的原始凭证相符。固定资产折旧、固定资产减值准备计算正确。制证、审核等有关人员签名或盖章。

2. 各种账簿的设置与登记完整、正确、规范。

三、实训用表（用具）

1. 通用记账凭证 24 张（现金付款凭证 1 张，银行存款收款凭证 2 张，银行存款付款凭证 5 张，转账凭证 16 张）。

2. 三栏式明细账账页 13 张。

四、实训组织

1. 根据实训资料，开设"固定资产"、"累计折旧"、"在建工程"、"固定资产清理"、"固定资产减值准备"、"在建工程减值准备"明细账。

2. 根据实验训资料编制记账凭证，并将依据的原始凭证附于记账凭证之后。

3. 依据现行企业会计准则、企业会计制度的有关规定，对所编制的记账凭证进行认真审核并签字或盖章。

4. 根据审核无误的记账凭证并参考原始凭证或原始凭证汇总表，登记"固定资产"、"累计折旧"、"在建工程"、"固定资产清理"、"固定资产减值准备"、"在建工程减值准备"明细账。

5. 全部经济业务入账后，结算"固定资产"、"累计折旧"、"在建工程"、"固定资产清理"、"固定资产减值准备"、"在建工程减值准备"明细账户的本期发生额和期末余额。

第七章 无形资产

一、实训资料

南充机械厂2009年12月初相关账户余额如表7-1所示。

表7-1　　　　　　　　　12月初账户余额表　　　　　　　　单位：元

总账账户	明细账户	借方余额	贷方余额
研发支出		3 108 000	
	费用化支出	356 000	
	资本化支出	2 752 000	
无形资产		2 550 000	
	A型电子技术	800 000	
	微电子技术	1 750 000	
累计摊销			1 235 000
无形资产减值准备			425 000
	A型电子技术减值准备		350 000
	微电子技术减值准备		75 000

2009年12月该公司发生如下经济业务：

1. 从南充科研所购买一项非专利技术，相关资料如图7-1、图7-2所示。

南充市科研单位统一收据

2009年12月4日

交款单位　　　南充机械厂

人民币（大写）　　壹拾贰万元整　　　　　　　　　¥ 120 000.00

系　付　　　购买非专利技术

收款单位（盖章有效）　　　南充科研所 财务专用章

财务　王国良　　　经手人　李仕江

现 金	
支 票	✓
付 委	

③ 记账联

图7-1　收据

中国工商银行转账支票存根
支票号码：00124207

科目

对方科目

出票日期　2009 年 12　月 4　日

收款人：南充科研所

金额：　¥120 000.00

用途：　购非专利技术

单位主管　高国强　会计

图 7－2　银行转账支票存根

2. 接受长江机械有限公司技术投资，资料如图 7－3 所示。

投资协议书

2009 年 12 月 10 日

投资单位	长江机械有限公司（甲方）	接受单位	南充机械厂（乙方）
账号或地址	586066088096	账号或地址	603011176989
开户银行	工行桥东支行	开户银行	工行八一路支行
投资金额	人民币（大写）：贰拾贰万伍仟元整		
协议条款	经双方友好协商达成如下协议： 1. 甲方以技术投资，期限 8 年，占乙方注册资本（1000 万元）的 2%。 2. 在投资期限内甲方不得抽回投资。 3. 在投资期限内乙方保证甲方投资保值和增值。 4. 在投资期限内乙方应按利润分配规定支付甲方利润。 5. 未尽事宜另行商定。 甲方代表签字：　王俊昊　　　乙方代表签字：刘振江		

图 7－3　投资协议书

3. 根据“工资分配汇总表”进行工资分配，资料如表 7－2 所示。

表 7-2

应付职工薪酬分配计算表

2009 年 12 月 15 日

部　　门	账　　户	产品、劳务	职工薪酬分配额（元）
基本生产车间	生产成本	甲产品	37 620
		乙产品	25 080
	制造费用		13 600
辅助生产车间	生产成本	机修车间	31 440
		供汽车间	8 200
销售机构	销售费用		22 200
管理部门	管理费用		41 310
研究部门	研发支出	费用化支出	30 280
开发部门	研发支出	资本化支出	46 600
合　　计			256 330

4. 将 A 型电子专利技术出售给万山机械公司，相关资料如图 7-4、图 7-5、图 7-6 所示。

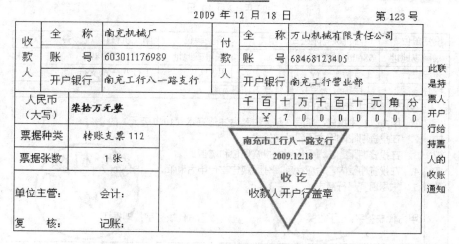

中国工商银行 **进　账　单**（收账通知）

2009 年 12 月 18 日　　　　第 123 号

收款人	全　称	南充机械厂	付款人	全　称	万山机械有限责任公司
	账　号	603011176989		账　号	68468123405
	开户银行	南充工行八一路支行		开户银行	南充工行营业部

人民币（大写）**柒拾万元整**　　千 百 十 万 千 百 十 元 角 分　¥ 7 0 0 0 0 0 0 0 0

票据种类　转账支票 112

票据张数　1 张

单位主管：　会计：

复　核：　记账：

图 7-4　银行进账单

记账特殊附件（010）

12 月 18 日，将公司原有的 A 型电子专利技术出售，该 A 型电子技术成本为 80 万元，累计已摊销 16 万元，已计提减值准备 35 万元。

财务负责人：高国强

图 7-5　记账特殊附件

营业税计算单

2009 年 12 月 18 日

计税金额（元）	税率(%)	营业税（元）
700 000	5	35 000

制表：陈芳芳　　　　　　　　　　　复核：丁新华

图 7-6　营业税计算单

5. 公司自行研究开发的新型电机项目成功申请专利权，相关资料如图 7-7、图 7-8、图 7-9 所示。

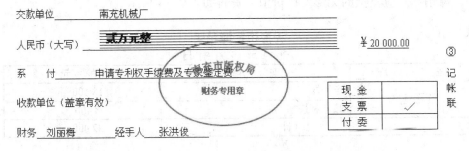

图 7-7　银行转账支票存根

南充市版权局统一收据

2009 年 12 月 23 日

交款单位　　　南充机械厂

人民币（大写）　　壹万元整　　　　　　　　¥ 20 000.00　　③

系　　付　　申请专利权手续费及专家鉴定费　　　　　　　　　记

收款单位（盖章有效）

现　金	
支　票	✓
付　委	

财务　刘丽梅　　经手人　张洪俊

图 7-8　收据

记账特殊附件（015）

12 月 23 日，公司自行研制成功的新型电机申请专利成功，该项专利于 2009 年 1 月 5 日开始研制，研制过程中共耗资 220 万元，其中研究阶段支出 20 万元，开发阶段支出 200 万元。

财务负责人 高国强

图 7-9　记账特殊附件

6. 根据领料汇总表结转各项发出材料成本，资料如表 7-3 所示。

表 7-3

材料领用汇总表
2009 年 12 月 1~31 日

材料名称	单位	单价（元）	产品或部门（用途）领用数量							合计金额（元）
			甲产品	乙产品	生产车间	销售机构	厂部管理部门	研究部门	开发部门	
圆钢	吨	3 000	5	10			0.5		0.5	48 000
生铁	吨	1 400	10	5	5				1	29 400
原煤	吨	300	5	10	1		1	1	1	5 700
焦碳	吨	600	5	5	1	0.5			0.5	7 200
油漆	千克	20	10	10	5	50	10	30		2 700
润滑油	千克	42.4	10	10	20		5	5	50	4 240
合计金额（元）			34 324	43 624	8 948	400	3 012	712	6 220	

7. 摊销本月应负担的无形资产价值，资料如表 7-4 所示。

表 7-4

无形资产摊销表
2009 年 12 月 31 日

账户	项目	摊销额（元）
无形资产	专利权	18 600
	非专利技术	3 400
合计		22 000

8. 对微电子技术计提减值准备，资料如图 7 - 10 所示。

记账特殊附件（018）

12 月 31 日，由于与微电子技术相关的经济因素发生不利影响，公司原有的
微电子专利技术发生减值。估计其可收回金额为 40 万元，该微电子技术成本为
175 万元，累计已摊销 107.5 万元，已计提减值准备 7.5 万元。

财务负责人：高国强

图 7 - 10　记账特殊附件

二、实训要求

1. 记账凭证编制全面、正确、规范，与所依据的原始凭证相符。无形资产摊销、无形资产减值准备计算正确。制证、审核等有关人员签名或盖章。

2. 各种账簿的设置与登记完整、正确、规范。

三、实训用表（用具）

1. 通用记账凭证 10 张。

2. 三栏式明细账账页 10 张。

四、实训组织

1. 根据实训资料，开设"无形资产"、"累计摊销"、"研发支出"、"无形资产减值准备"明细账。

2. 根据实训资料编制记账凭证，并将依据的原始凭证附于记账凭证之后。

3. 依据现行企业会计准则、企业会计制度的有关规定，对所编制的记账凭证进行认真审核并签字或盖章。

4. 根据审核无误的记账凭证并参考原始凭证或原始凭证汇总表，登记"无形资产"、"累计摊销"、"研发支出"、"无形资产减值准备"明细账。

5. 全部经济业务入账后，结算"无形资产"、"累计摊销"、"研发支出"、"无形资产减值准备"明细账户的本期发生额和期末余额。

第八章 投资性房地产

一、实训资料

龙元建设有限公司 2009 年 12 月初投资性房地产账户余额如表 8-1 所示。

表 8-1　　　　　　　　　　　12 月初账户余额表　　　　　　　　　　单位：元

总账账户	明细账户	借方余额	贷方余额
投资性房地产		517 000 000.00	
	写字楼	500 000 000.00	
	职工食堂（成本）	9 000 000.00	
	职工食堂（公允价值）	8 000 000.00	
投资性房地产累计折旧			37 500 000.00
	写字楼		37 500 000.00

2009 年 12 月该公司发生如下经济业务：

1. 2009 年 12 月 5 日，出租的写字楼到期，将其转为自用，相关资料如图 8-1、图 8-2 所示。

固定资产入库单

2009 年 12 月 5 日　　　　　　　　凭证编号：06

固定资产名称及编号	规格型号	单位	数量	预计使用年限	已使用年限	原始价值（元）	已提折旧（元）	备注
写字楼		栋	1	40	3	500 000 000	37 500 000	

固定资产状况	九成新			
何时购入	进入方式	入账价值（元）	固定资产管理部门	会计主管
2009/12/5	转入	462 500 000	建挡	宋岩

图 8-1　固定资产入库单

特殊记账附件（003）

2006 年 11 月 20 日，公司与黄河公司签订租赁协议，将购入的写字楼出租给黄河公司。租期为三年，年租金为 2 000 万元，于租赁开始日 2006 年 12 月 1 日预付。

租赁合同备查公司文件：LYJSHT－06－015

图 8－2 特殊记账附件

2. 2009 年 12 月 12 日，公司购入一栋写字楼，并与华谊公司签订租赁协议，相关资料如图 8－3、图 8－4、图 8－5 所示。

图 8－3 房地产开发销售专用发票

特殊记账附件（006）

12 月 5 日，公司与华道公司签订租赁协议，将该写字楼整体出租给华道公司。租期为三年，年租金为 1 200 万元，按年支付，首次租金于租赁开始日 2010 年 1 月 1 日预付。

租赁合同备查公司文件：LYJSHT－09－023。

图 8－4 特殊记账附件

中国银行支票存根（浙）
IV X 00812735
科目
对方科目
出票 2009 年 12 月 10 日
日期
收款人：**宁波银亿公司**

金额：¥51 000 000.00

用途：　**购房款**

单位
主管　王鹏　　会计

图 8-5　银行支票存根

3. 2009 年 12 月 20 日，公司将自用的 5 号楼对外出租，相关资料如图 8-6、图 8-7 所示。

固定资产调出单

凭证编号：G_C 20091205

2009 年 12 月 20 日

固定资产名称及编号	规格型号	单位	数量	预计使用年限	已使用年限	原始价值（元）	已提折旧（元）	已提减值（元）
5 号楼		栋	1	30	10	28 000 000	5 000 000	3 000 000
固定资产调出原因	根据股东大会 20091203 号决议用于对外出租							
处理意见	使用部门		技术评估小组		固定资产管理部门		股东大会审批	
	同意调出		确认价属实		同意调出		同意调出	

图 8-6　固定资产调出单

特殊记账附件（011）

2009 年 12 月 20 日，公司与星光公司签订租赁协议，将自用的 5 号楼出租给星光公司。租期为五年，年租金为 150 万元，每年 12 月 31 日预收租金。

租赁合同备查公司文件：LYJSHT-09-022。

总会计师：宋岩

图 8-7　特殊记账附件

4. 2009 年 12 月 31 日，公司收到星光公司租金，相关资料如图 8 - 8、图 8 - 9、图 8 - 10 所示。

特殊记账附件（011）

2009 年 12 月 20 日，公司与星光公司签订租赁协议，将自用的 5 号楼出租给星光公司。租期为五年，年租金为 150 万元，每年 12 月 31 日预收租金。

租赁合同备查公司文件：LYJSHT - 09 - 022。

总会计师：宋岩

图 8 - 8 特殊记账附件

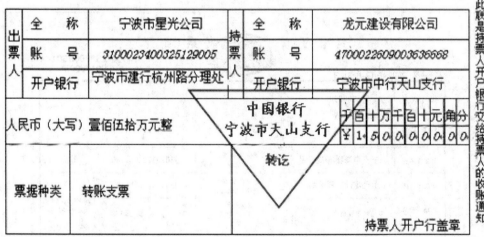

图 8 - 9 银行进账单

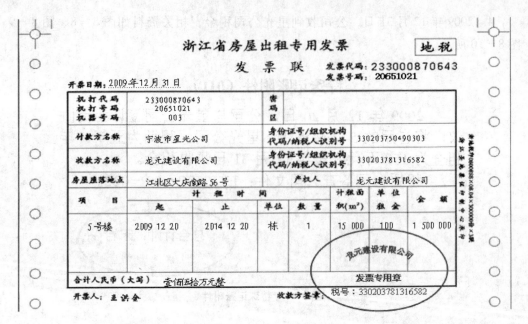

图 8-10　房屋出租专用发票

5. 2009 年 12 月 31 日，公司出售职工餐厅，相关资料如图 8-11、图 8-12、图 8-13 所示。

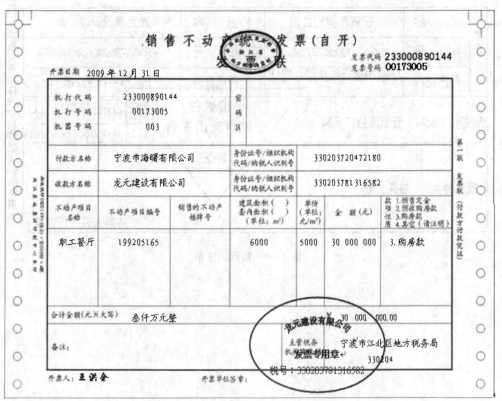

图 8-11　销售不动产统一发票

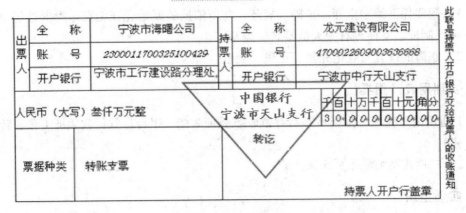

图 8 - 12 银行进账单

特殊记账附件 （023）

2006 年 11 月 10 日，公司与海曙公司签订租赁协议，将自用职工食堂出租给海曙公司。租期为三年，年租金为 500 万元，于年初预付，租赁开始日为 2007 年 1 月 1 日。

租赁合同备查公司文件：LYJSHT－06－018。

图 8 - 13 特殊记账附件

6. 2009 年 12 月 31 日，公司结转出售的职工餐厅成本，相关资料如图 8 - 14 所示。

特殊记账附件 （026）

12 月 31 日，公司出售给海曙公司的职工餐厅成本为 900 万元，公允价值变动为借方 800 万元。

图 8 - 14 特殊记账附件

二、实训要求

1. 记账凭证编制全面、正确、规范，与所依据的原始凭证相符。投资性房地产计算正确。制证、审核等有关人员签名或盖章。

2. 账簿的设置与登记完整、正确、规范。

三、实训用表（用具）

1 通用记账凭证7张（或银行存款收款凭证2张，银行存款付款凭证1张，转账凭证4张）。

2. 三栏式明细账账页5张。

四、实训组织

1. 根据实训资料，开设"投资性房地产"、"投资性房地产累计折旧"、"投资性房地产减值准备"明细账。

2. 根据实验训资料编制记账凭证，并将依据的原始凭证附于记账凭证之后。

3. 依据现行企业会计准则、企业会计制度的有关规定，对所编制的记账凭证进行认真审核并签字或盖章。

4. 根据审核无误的记账凭证并参考原始凭证或原始凭证汇总表，登记"投资性房地产"、"投资性房地产累计折旧"、"投资性房地产减值准备"明细账。

5. 全部经济业务入账后，结算"投资性房地产"、"投资性房地产累计折旧"、"投资性房地产减值准备"明细账户的本期发生额和期末余额。

第十章　负债

一、实训资料

济南新宇有限公司 2010 年各有关总分类账户 11 月 30 日期末余额如表 10 - 1 所示。

表 10 - 1　　　　　　　　　总分类账户 11 月月末余额表　　　　　　　　单位：元

总账科目	借方余额	总账科目	贷方余额
库存现金	15 390.00	短期借款	65 000.00
银行存款	670 000.00	长期借款	400 000.00
库存商品	551 000.00	应付账款	58 650.00
原材料	216 500.00	应交税费	26 140.00
应收账款	380 000.00	应付职工薪酬	240 850.00
固定资产	900 000.00	应付利息	16 000.00
累计折旧	40 000.00	实收资本	1 000 000.00
资本公积	408 450.00		
盈余公积	189 000.00		
利润分配	288 800.00		
合　计	2 692 890.00	合　计	2 692 890.00

济南新宇有限公司 2010 年 11 月 30 日有关明细账户期末余额如表 10 - 2 所示。

表 10 - 2　　　　　　　　　明细分类账户 11 月月末余额表　　　　　　　　单位：元

总账科目	明细科目	借或贷	金额
应付账款	济宁电器厂	贷	37 000.00
	东营电器厂	贷	21 650.00
应交税费	未交增值税	贷	5 630.00
	应交所得税	贷	20 510.00

2010 年 12 月济南新宇有限公司发生下列经济业务：

1. 12 月 3 日，公司出售吸尘器 50 件给山东省电器公司，单价为 200 元，增值税税率为 17%，收到转账支票一张，相关资料如图 10 - 1、图 10 - 2 所示。

山东省增值税专用发票

记账联   № 4005010

开票日期： 2010 年 12 月 3 日   鲁国税（2010A）

购货单位	名称	山东省电器公司			税务登记号								571001687906958							
	地址电话	济南			开户银行及账号								泉城路分行 37577677178254							

商品或劳务名称	计量单位	数量	单价	金额									税率%	税额							
				百	十	万	千	百	十	元	角	分		百	十	万	千	百	十	元	角	分
吸尘器	个	50	200			1	0	0	0	0	0	0	17				1	7	0	0	0	0
合计				¥		1	0	0	0	0	0	0	17			¥	1	7	0	0	0	0

价税合计（大写）	人民币 ╳佰╳拾壹万柒仟零佰零拾零元零角零分 ¥：11 700.00

销货单位	名称	济南新宇有限公司	纳税人登记号	298456565217432
	地址电话	济南 8899736	开户银行及账号	工商银行历下办事处 3294454571015711

第四联 记账联 销货方记账

销货单位：济南新宇有限公司（公章）   收款人：张英   复核：   开票人：林岚

图 10 - 1 增值税专用发票

中国工商银行 进账单（收账通知）

2010 年 12 月 3 日

出票人	全称	山东省电器公司	收款人	全称	济南新宇有限公司									
	账号	56718		账号	3294454571015711									
	开户银行	泉城路办事处		开户银行	工商银行历下办事处									
金额	人民币（大写）	壹万壹仟柒佰元整			亿	千	百	十	万	千	百	十	元	角	分
								¥	1	1	7	0	0	0	0
票据种类	转账支票													
票据号码	1111425													
单位主管 会计 复核 记账			中国工商银行泉城路分行章 收款人开户银行签章											

此联是收款人开户银行交给收款人的收账通知

图 10 - 2 进账单

2. 公司支付上月未交增值税 5 630 元，资料如图 10－3 所示。

中华人民共和国
增 值 税 税收缴款书 鲁国缴 0255 号

注册类型： 有限公司

填发日期：2010 年 12 月 10 日 征收机关：

缴款单位（人）	代 码	298456565217432	电话	8899736	预算科目	编 码	251000	第一联：（收据联）国库收款盖章后退缴款单位
	全 称	济南新宇有限公司				名 称		
	开户银行	工商银行历下办事处				级 次		
	账 号	3294454571015711			收缴国库	市中心支库		

税款所属时期 10 年 11 月 1 日至 10 年 11 月 30 日	税款限缴日期 2010 年 12 月 10 日

品目名称	课税数量	计税金额或销售收入	税率或单位税额	已缴或扣除额	实缴金额
增值税					5 630.00
金额合计（大写）：伍仟陆佰叁拾元整					￥5 630.00

缴款单位（人）（盖章）经办人（章）	税务机关（盖章）填发人（章）	上列款项已收妥并划转收款单位账户 国库（银行）盖章 2010 年 12 月 10 日	备注：

图 10－3 增值税税收缴款书

3. 12 月 13 日，公司售给聊城五金公司原材料塑料 5 吨，单位售价为 4 000 元，增值税税率为 17%，采用托收承付方式结算，货已发出并办妥托收；同时，本公司代垫运费 500.00 元，相关资料如图 10－4、图 10－5、图 10－6 所示。

托收承付凭证（回单） 1

邮

委托日期 2010 年 12 月 13 日 托收号码：01816

付款人	全 称	聊城五金公司	收款人	全 称	济南新宇有限公司									
	账号或地址	21788168		账 号	3294454571015711									
	开户银行	趵突泉办事处		开户银行	历下办事处		行号							

托收金额	人民币（大写）	贰万叁仟肆佰元整	千	百	十	万	千	百	十	元	角	分
					￥	2	3	4	0	0	0	0

附 件	商品发运情况		合同名称号	
附寄单证张数或册数	4	铁路发运	1408	
备注	款项收受日期		中国工商银行 历下办事处章 收款人开户银行盖章 12 月 13 日	

单位主管 会计 复核 记账

图 10－4 托收承付凭证

山东省增值税专用发票

记账联　　　　　　　　　№ 4005016

开票日期：　2010　年　12　月　13　日　　　　　　　鲁国税（2010A）

购货单位	名称	聊城五金公司				税务登记号				654721459521455								
	地址电话	聊城				开户银行及账号				趵突泉办事处 465474545559919								

商品或劳务名称	计量单位	数量	单价	金额									税率 %	税额								
				百	十	万	千	百	十	元	角	分		百	十	万	千	百	十	元	角	分
塑料	件	5	4 000			2	0	0	0	0	0	0	17				3	4	0	0	0	0
合计						¥	2	0	0	0	0	0	17				¥	3	4	0	0	0

价税合计（大写）	人民币：贰万叁仟肆佰零拾零元零角零分	¥：23 400.00

销货单位	名称	济南新宇有限公司	纳税人登记号	298456565217432
	地址电话	济南　8899736	开户银行及账号	工商银行历下办事处 3294454571015711

销货单位：济南新宇有限公司（公章）　　收款人：张英　　复核：　　开票人：林岚

第四联 记账联 销货方记账

图 10-5　增值税专用发票

中国工商银行
转账支票存根
Ⅶ n0101745843

科　　目 ＿＿＿＿＿＿＿

对方科目 ＿＿＿＿＿＿＿

出票日期 2010 年 12 月 13 日

收款人：济南铁路货运处
金　额：500.00
用　途：运费

单位主管：　　　　　会计：

图 10-6　银行转账支票存根

4. 12 月 15 日，公司通过信汇方式，支付前欠济宁电器厂货款 37 000 元，相关资料如图 10 - 7 所示。

中国工商银行 信汇凭证 （回单）

委托日期 2010 年 12 月 15 日　　　　　　　　第 02110 号

汇款人	全　称	济南新宇有限公司			收款人	全　称	济宁电器厂		
	账　号或住址	3294454571015711				账　号或住址	27527546695452983		
	汇出地点	山东省济南市	汇出行名　称	历下办事处		汇入地点	山东省济宁市	汇入行名　称	阳光支行

金额	人民币（大写）	叁万柒仟元整	千	百	十	万	千	百	十	元	角	分
					¥	3	7	0	0	0	0	0

汇款用途：购货款（前欠）	汇出行盖章
上列款项已根据委托办理，如需查询，请持此回单来行面洽	2010 年 12 月 15 日 中国工商银行 历下办事处章

单位主管　　会计　　复核　　记账

图 10 - 7　银行信汇凭证

5. 12 月 14 日，公司从银行借款 60 000 元，期限为 4 个月，已存入账户，资料如图 10 - 8 所示。

中国工商银行借款划款通知 （收款通知）

2010 年 12 月 17 日

单位名称	济南新宇有限公司	账　号	3294454571015711
贷款金额	60 000 元	计息起讫日期	10 年 12 月 1 日至 11 年 3 月 31 日
计息总积数	180 000 元	利率（月）	5‰
利息金额	人民币（大写）陆万元整		¥：60 000.00

你单位上述借款已划入你单位账户

此致　　　中国工商银行 历下办事处

借款单位　　（银行盖章）　　　　复核：　　　　记账：

图 10 - 8　银行借款划款通知

6. 12月15日，公司以汇兑方式预收北京商贸集团公司购买吸尘器款80 000元，资料如图10-9所示。

中国工商银行 信汇凭证（收账通知）

委托日期 2010 年 12 月 7 日

汇款人	全　称	北京商贸集团	收款人	全　称	济南新宇有限公司	此联是汇入行给收款人的收款通知
	账　号	67485401817868		账　号	3294454571015711	
	汇出地点	北京市		汇入地点	济南市	
汇出行名称		工商银行海淀办事处	汇入行名称		工商银行历下办事处	

金额	人民币（大写）	捌万元整	亿	千	百	十	万	千	百	十	元	角	分	
						¥	8	0	0	0	0	0	0	

附加信息及用途：预付款

汇出行签章

图 10-9　银行信汇凭证

7. 12月20日，公司从石家庄塑料公司购进塑料10吨，单价为3 000元，货款暂欠，货物尚未到达，资料如图10-10所示。

河北省增值税专用发票

发票联　　　　　　　　　　　　　　No 4005016

开票日期：　2010　年　12　月　13　日　　　　　　　　鲁国税（2010A）

购货单位	名称	济南新宇有限公司	税务登记号	298456565217432
	地址电话	济南市	开户银行及账号	工商银行历下办事处 3294454571015711

商品或劳务名称	计量单位	数量	单价	金额									税率%	税额								
				百	十	万	千	百	十	元	角	分		百	十	万	千	百	十	元	角	分
塑料	吨	10	3 000.00			3	0	0	0	0	0	0	17				5	1	0	0	0	0
合计					¥	3	0	0	0	0	0	0	17			¥	5	1	0	0	0	0
价税合计（大写）	人民币：叁万伍仟壹佰零拾零元零角零分　　　　　　　　¥：¥35 100.00																					
销货单位	名称	石家庄塑料公司	纳税人登记号	725619432490435																		
	地址电话	石家庄市	开户银行及账号	工城北支行　352041532																		

销货单位：（章）石家庄塑料公司　　　收款人：李强　　　复核：　　　开票人：刘发

图 10-10　增值税专用发票

8. 12 月 23 日，公司预交所得税 5 000 元，资料如图 10 - 11 所示。

中 华 人 民 共 和 国

企业所得税　税收缴款书

鲁国缴 0257 号

注册类型：　有限公司

填发日期：2010 年 12 月 23 日　　　　　　征收机关：

缴款单位（人）	代码	298456565217432		电话	8899736	预算科目	编码	251000	第一联：（收据联）国库收款盖章后退缴款单位
	全称	济南新宇有限公司					名称		
	开户银行	工商银行历下办事处					级次		
	账号	3294454571015711				收缴国库	市中心支库		

品目名称	课税数量	计税金额或销售收入	税率或单位税额	已缴或扣除额	实缴金额
所得税					5 000.00
金额合计（大写）：伍仟元整					￥5 000.00

缴款单位（盖章）经办人（章）	税务机关（盖章）填发人（章）	上列款项已收妥并划转收款单位账户 国库（银行）盖章　　2010 年 12 月 23 日	备注：

图 10 - 11　税收缴款书

9. 12 月 24 日，公司售给北京商贸集团吸尘器 300 件，单价为 200 元，冲抵预收账款。销售时领用包装箱 50 个，每个 2 元(不单独计价)，相关资料如图 10 - 12、图 10 - 13 所示。

山 东 省 增 值 税 专 用 发 票

记账联

No 4005016

开票日期：　2010　年　12　月　13　日　　　　　　鲁国税（2010A）

购货单位	名称	北京商贸集团公司		税务登记号		455001687903098		第四联 记账联 销货方记账
	地址电话	广州		开户银行及账号		长山办事处 75018168		

商品或劳务名称	计量单位	数量	单价	金额 百十万千百十元角分	税率%	税额 百十万千百十元角分	
吸尘器	件	300	200	6 0 0 0 0 0 0	17	1 0 2 0 0 0 0	
合计				￥6 0 0 0 0 0 0	17	￥1 0 2 0 0 0 0	

价税合计（大写）	人民币：柒万零仟贰佰零拾零元肆角零分	￥：70 200.00

销货单位	名称	济南新宇有限公司	纳税人登记号	298456565217432
	地址电话	济南　8899736	开户银行及账号	工商银行历下办事处 3294454571015711

销货单位：济南新宇有限公司（公章）　　收款人：张英　　复核：　　开票人：林岚

图 10 - 12　增值税专用发票

领 料 单

领料单位：销售科　　　　　　　　　　　　　　　　　　凭证编号：0012

用　　途：包装商品　　　　　　2010 年 12 月 24 日　　　发料仓库：2 号仓库

材料类别	材料编号	材料名称	规格	计量单位	数量		单价（元）	金额（元）
					请领	实领		
		包装箱	大	个	100	100	2.00	200.00
备注				合 计				200.00

发料人：李毅　　　　　　　领料人：刘强　　　　　　　记账：刘向阳

图 10 - 13　领料单

10. 12 月 25 日，烟台家电公司前欠货款 250 000 元，由于公司财务困难，双方达成债务重组协议：烟台家电公司以银行汇票 180 000 元立即偿还债务，余款不再偿还。公司根据债务重组协议完成账务处理，相关资料如图 10 - 14 所示。

债务重组协议

甲方（债权方）：济南新宇有限公司

乙方（债务人）：烟台家电公司

由于烟台家电公司财务困难，所欠货款 250 000.00 元无法全部偿还，经双方协商，达成协议，乙方以 180 000.00 元现金立即偿还债务，余款不再清偿。

本协议自双方签章开始生效。

甲方：济南新宇有限公司（章）　　乙方：烟台家电公司（章）

法人代表：刘东　　　　　　　　　法人代表：程新

　2010 年 12 月 25 日　　　　　　　2010 年 12 月 25 日

图 10 - 14　债务重组协议

中国工商银行进账单（回单或收账通知）

2010 年 12 月 25 日

收款人	全　称	济南新宇有限公司	付款人	全　称	烟台家电公司
	账号或地址	3294454571015711		账号或地址	64556789
	开户银行	工商银行历下办事处		开户银行	工行人民路办事处

人民币（大写）：壹拾捌万元整

千	百	十	万	千	百	十	元	角	分
	¥	1	8	0	0	0	0	0	0

票据种类	银行汇票
票据张数	1

收款人开户银行盖章：

中国工商银行
科历下办事处
转讫

单位主管　　会计　　复核　　记账

图 10 - 15　银行进账单

11．12 月 25 日，公司从济南电脑城购入电脑 10 台，每台价款为 4 000 元（不含税），开出银行承兑汇票一张交付对方。电脑全部作为固定资产投入管理部门使用，相关资料如图 10 - 16、图 10 - 17、图 10 - 18 所示。

固定资产设备入库单

2010 年 12 月 25 日　　　　　　　　　　　　　　　　字第 41 号

使用单位：管理部门

编号	名称	规格	单位	应收数量	实收数量	单价	金　额							供应单位名称
							十万	千	百	十	元	角	分	
52	电脑	奔Ⅲ	台	10	10	4 000		4	0	0	0	0	0	
合计						￥	4	0	0	0	0	0	0	

会计　　　仓库　　　　保管：陈光　　　验收：陈思　　　采购：李辉军

图 10 - 16　固定资产设备入库单

山东省增值税专用发票

开票日期：2010 年 12 月 25 日

购货单位	名称	济南新宇有限公司		税务登记号		298456565217432								
	地址电话	济南市		开户银行及账号		工商银行历下办事处 3294454571015711								
商品或劳务名称	计量单位	数量	单价	金　额								税率%	税　额	
				百	十	万	千	百	十	元	角	分		百 十 万 千 百 十 元 角 分
电脑	台	10	4 000.00		4	0	0	0	0	0	0	17		6 8 0 0 0 0
合计				￥	4	0	0	0	0	0	0	17		6 8 0 0 0 0
价税合计（大写）		人民币：人民币肆万陆仟捌佰元整									￥：46 800.00			
销货单位	名称	济南电脑城		纳税人登记号		352419432490736								
	地址电话	济南市		开户银行及账号		城南支行　765341659								

销货单位：（章）长春电脑城　　　收款人：李建　　　复核：　　　开票人：刘娟

图 10 - 17　增值税专用发票

银行承兑汇票（卡片）　1　　　　　　No. 0003126

出票日期：贰零壹零年壹拾贰月贰拾伍日

付款人	全称	济南新宇有限公司	收款人	全称	济南电脑城
	账号	3294454571015711		账号	765341659
	开户银行	工商银行历下办事处		开户银行	工商银行城南支行

出票金额	人民币（大写）　贰拾玖万贰仟伍佰元整	千	百	十	万	千	百	十	元	角	分
					¥ 4	6	8	0	0	0	0

汇票到期日	贰零壹壹年叁月零贰拾伍日	付款人开户行	账号	
			地址	

承兑协议编号		备注：
本汇票请你行承兑，此项汇票示我单位按承兑协议于到期日前足额交存你行，到期请予以支付。 　　　　　　　　　出票人签章		复核　　　记账

图 10-18　银行承兑汇票

12. 12 月 26 日，公司以现金 48 000 元发放本月职工薪酬，资料如表 10-3 所示。

表 10-3　　　　　　　**职工薪酬费用分配汇总表**

2010 年 12 月 26 日

部　门	应分配金额（元）
生产车间生产人员	30 000
生产车间管理人员	6 000
销售人员	7 000
行政管理人员	5 000
合　　计	48 000

主管　　　　　　审核　　　　　　制表

13. 12 月 28 日，公司根据职工薪酬分配汇总表，分配职工薪酬：纺纱车间生产工人工资 474 250 元，纺纱车间及加工车间管理人员工资 144 700 元，加工车间生产工人工资 395 600 元，厂部管理人员工资 178 000 元，机修车间人员工资 46 000 元，供电车间人员工资 32 000 元。资料如表 10-4 所示。

表 10-4　　　　　　　　　**职工薪酬费用分配汇总表**

2010 年 12 月 28 日

部　门	应分配金额（元）
生产车间生产人员	30 000
生产车间管理人员	6 000
销售人员	7 000
行政管理人员	5 000
合　　计	48 000

14. 12 月 28 日，公司按职工薪酬总额的 5% 计提本月职工福利费，按职工薪酬总额的 2% 计提本月的工会经费。相关资料如表 10-5、表 10-6 所示。

表 10-5　　　　　　　　　**应付福利计提表**

2010 年 12 月 28 日

部　门	应分配金额（元）
生产车间生产人员	1 500
生产车间管理人员	300
销售人员	350
行政管理人员	250
合　　计	2 400

主管　　　　　　审核　　　　　　　　　　制表

表 10-6　　　　　　　　　**工会经费计提表**

2010 年 12 月 28 日

部　门	应分配金额（元）
生产车间生产人员	600
生产车间管理人员	120
销售人员	140
行政管理人员	100
合　　计	960

主管　　　　　　审核　　　　　　　　　　制表

15. 12 月 29 日，公司以银行存款 35 000 元归还短期借款。资料如图 10 - 19 所示。

中国工商银行
转账支票存根
Ⅶ n010188898

科　　目 _____
对方科目 _____
出票日期 2010 年 12 月 29 日

收款人：济南市工商银行
金　额：35 500.00
用　途：偿还短期借款

单位主管：　　　　　会计：

图 10 - 19　银行转账支票存根

16. 12 月 31 日，公司按本月应交增值税的 7% 计算结转应交城市维护建设税；按应交增值税的 3% 计算结转教育费附加。资料如表 10 - 7 所示。

表 10 - 7　　　　　　　　　　**营业税金及附加计算表**

2010 年 12 月 31 日

项　　目	金额（元）
销项税额	15 300
进项税额	11 900
应纳增值税额	3 400
应纳城建税额（7%）	238
应交教育费附加（3%）	102

17. 企业原借长期借款专用于建造厂房并已全部投入使用，厂房至今尚未完工，计提本月借款利息。资料如表 10 - 8 所示。

表 10 - 8　　　　　　　　　　**借款利息提取计算表**

2010 年 12 月 31 日

借款种类	种类	计提月份	借款余额（元）	计提金额（元）
短期借款	到期一次还本付息	2010 年 12 月	90 000	450
长期借款	到期一次还本付息	2010 年 12 月	400 000	2 000

18. 2010 年公司销售吸尘器的收入共计 2 000 000 元。吸尘器质量保证条款规定：产品出售后一年内，如果发生正常质量问题，甲公司负责免费修理。根据以往的销售经验，预计可能产生的维修费用如表 10 - 9 所示。

表 10 - 9　　　　　　　　　　　**产品保修费用计算表**

2010 年 12 月 31 日

年销售额：2 000 000 元

内容	费用比例（占销售额）	预计维修比例（占销售额）	提取额（元）
没有问题		85%	
较小问题	2%	10%	4 000
较大问题	10%	5%	10 000
合计			14 000

二、实训要求

1. 记账凭证编制全面、正确、规范，与所依据的原始凭证相符。制证、审核等有关人员签名或盖章。

2. 各种账簿的设置与登记完整、正确、规范。

三、实训用表（用具）

1. 通用记账凭证 20 张（或付款凭证 5 张，收款凭证 4 张，转账凭证 11 张）。

2. 三栏式明细账账页 10 张。

3. 多栏式明细账账页 2 张。

四、实训组织

1. 根据实训资料，开设"应付账款"、"应付票据"、"预收账款"、"应交税费"等明细账。

2. 根据实验训资料编制记账凭证，并将依据的原始凭证附于记账凭证之后。

3. 依据现行企业会计准则、企业会计制度的有关规定，对所编制的记账凭证进行认真审核并签字或盖章。

4. 根据审核无误的记账凭证并参考原始凭证或原始凭证汇总表，登记"明细账。

5. 全部经济业务入账后，结算"应付账款"、"应付票据"、"预收账款"、"应交税费"、"短期借款"、"长期借款"、"预计负债"等账户的本期发生额和期末余额。

第十一章　所有者权益

一、实训资料

1. 广东立竣机床股份有限公司收到宏达电机厂投入的货币资金人民币 300 000 元，款项已收妥存入银行，相关资料如图 11 - 1、图 11 - 2 所示。

投资协议书

2007 年 12 月 1 日

投资单位	宏达电机厂（甲方）	接受单位	广东立竣机床股份有限公司
账号或地址	456789	账号或地址	8350000100101
开户银行	工行人民路办事处	开户银行	中行海珠支行
投资金额	人民币（大写）：叁拾万元整		
协议条款	经双方友好协商达成如下协议： 1. 投资期限为 5 年。 2. 在投资期限内甲方不得抽回投资。 3. 在投资期限内乙方保证甲方投资保值和增值。 4. 在投资期限内乙方应按利润分配规定支付甲方利润。 5. 未尽事宜另行商定。 甲方代表签字：　　　　　　　　乙方代表签字：		

图 11 - 1　投资协议书

中国工商银行进账单（回单或收账通知）

2009 年 12 月 1 日

收款人	全　称	广东立竣机床股份有限公司	付款人	全　称	宏达电机厂									
	账号或地址	8350000100101		账号或地址	456789									
	开户银行	中行海珠支行		开户银行	工行人民路办事处									
人民币（大写）：叁拾万元整					千	百	十	万	千	百	十	元	角	分
						￥3	0	0	0	0	0	0	0	0
票据种类	转账支票		收款人开户银行盖章：											
票据张数	1													
单位主管　　会计　　复核　　记账														

图 11 - 2　银行进账单

2. 广州和生机电公司向广东立竣机床股份有限公司进行投资。按出资协议，广州和生机电公司以一台全新磨床作为出资，价值 1 600 000 元，增值税进项税额为 272 000 元。出资协议约定的固定资产价值与公允价值相符。相关资料如图 11 - 3、图 11 - 4 所示。

图 11 - 3 固定资产入库单

图 11 - 4 增值税专用发票

3. 广东立竣机床股份有限公司经股东大会批准，将原计入资本公积的资本溢价 1 000 000 元转增资本金，并向原登记机关办理了变更登记。相关资料如图 11 - 5 所示。

记账特殊附件（004）

12 月 10 日，广东立竣机床股份有限公司经股东大会批准，将原计入资本公积的资本溢价 1 000 000 元转增资本金，并向原登记机关办理了变更登记。

变更登记备查公司文件：GDLJHT-12-008。

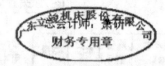

图 11-5　记账特殊附件

4. 广东立竣机床股份有限公司拥有阳江机床厂30%的股份，长期股权投资采用权益法核算，由于阳江机床厂可供出售金融资产公允价值的变动，造成阳江机床厂资本公积增加 300 000 元，资料如图 11-6 所示。

记账特殊附件（009）

广东立竣机床股份有限公司拥有阳江机床厂 30%的股份，长期股权投资采用权益法核算，12 月 31 日，由于阳江机床厂可供出售金融资产公允价值的变动，造成阳江机床厂资本公积增加 300 000 元。

抬笤合同备查公司文件：GDLJHT—12—009。

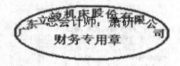

图 11-6　记账特殊附近

5. 公司根据六届二次股东大会决议，进行配股，配股资金已由国信证券公司划入中行海珠支行，相关资料如图 11-7、图 11-8 所示。

记账特殊附件（001）

根据 2009 年 7 月 8 日广东立竣机床股份有限公司六届二次股东大会决议，并经广东省证券管理办公室粤证办[2009]28号文批准，经中国证券监督管理委员会证监上字[2009]39号文复审批准，公司对年初股份总数60 000 000股按10：2进行配股，共配售12 000 000股。配股价为每股4.00元，其中股本每股为1元。

本次配股的主承销商为国信证券公司，已签定承销协议。国信证券公司承销费为总价的3.2%。

其中国家股占55%，法人股占15%，公众股占30%。

配股文件备查公司文件：GDLJ-12-004。

配股承销合同备查公司文件：GDLJHT-12-004。

图 11-7

图 11 - 8　银行进账单

6. 公司按本年净利润的10%计提法定盈余公积，5%计提法定公益金。资料如表11 - 1 所示。

表 11 - 1　　　　　　　　　**法定盈余公积、任意盈余公积金计提表**

项目	全年净利润（元）	计提比例（%）	金额（元）
法定盈余公积	261 838.96	10	26 183.90
任意盈余公积		5	13 091.95
合计			39 275.85

制表：苏洋　　　　　　　　　　　　　审核：胡珍

7. 结转利润分配明细账，资料如表11 - 2 所示。

表 11 - 2　　　　　　　　　**内部转账单**

2009 年 12 月 31 日

应借科目	应贷科目	金额（元）	备注
利润分配——未分配利润		343 813.72	
	利润分配——提取法定盈余公积	26 183.90	
	利润分配——提取任意盈余公积	13 091.95	
	利润分配——应付利润	304 537.87	

制表：苏洋　　　　　　　　　　　　　审核：胡珍

二、实训要求

1. 记账凭证编制全面、正确、规范，与所依据的原始凭证相符。制证、审核等有关人员签名或盖章。

2. 各种账簿的设置与登记完整、正确、规范。

三、实训用表（用具）

1. 通用记账凭证 7 张。

2. 三栏式明细账账页 14 张。

3. 三栏式总账账页 8 张。

四、实训组织

1. 根据实训资料，开设"实收资本"、"资本公积"、"盈余公积"及"利润分配"总账和明细账。

2. 根据实训资料编制记账凭证，并将依据的原始凭证附于记账凭证之后。

3. 依据现行企业会计准则、企业会计制度的有关规定，对所编制的记账凭证进行认真审核并签字或盖章。

4. 根据审核无误的记账凭证并参考原始凭证或原始凭证汇总表逐笔登记有关总账和明细账。

5. 全部经济业务入账后，结算有关账户的本期发生额和期末余额。

6. 核对有关总账和明细账是否相符。

第十二章　费用

一、实训资料

2009 年 12 月广东立竣机床股份有限公司发生如下经济业务：

1. 公司根据领料单编制"领料凭证汇总表"，如表 12－1 所示。

表 12－1　　　　　　　　　　　　一分厂领料凭证汇总表
2009 年 12 月　　　　　　　　　　　　　　　　　　　　单位：元

项目	原材料									
	角钢	钢板	铝圆	圆钢	铸件	铝板	机油	棉纱	三角带	合计
生产成本——一分厂——A 产品	23 597.25	86 157.2	144 592.95	8 903.7	28 515	10 000				301 766.1
生产成本——一分厂——B 产品					28 515	10 000				38 515
管理费用——修理费							3 000	900	440	4 340
合　计	23 597.25	86 157.2	144 592.95	8 903.7	57 030	20 000	3 000	900	440	344 621.1

经理　李培花　　　　　　　　　稽核　　　　　　　　制单

2. 12 月 15 日，公司根据经审批的"工资发放汇总表"发放工资（发放 11 月份的）。公司转存银行职工储蓄户 232 760.94 元，代扣个人所得税合计 555 元，社会保险费合计 29 912.30 元，住房公积金合计 35 894.76 元。假设，社会保险费个人负担部分按本人当月工资的 10%（综合）计算，住房公积金个人负担部分按本人当月工资的 12% 计算。资料如表 12－2 所示。

工资发放汇总表
表 12－2　　　　　　　　　　　　　2009 年 12 月 15 日　　　　　　　　　　　　单位：元

部门		职工人数	计时工资	夜班津贴	应发工资	扣除			个税	实发工资
						社会保险	住房公积金	小计		
一分厂	生产工人	54	97 200	2 700	99 900	9 990	11 988	21 978	25	77 897
	管理人员	3	7 800	240	8 040	804	964.8	1 768.8	5	6 266.2
二分厂	生产工人	37	66 700	1 850	68 550	6 855	8 226	15 081	10	53 459
	管理人员	2	5 200	160	5 360	536	643.2	1 179.2	15	4 165.8
三分厂	生产工人	42	7 963	2 100	10 063	1 006.3	1 207.56	2 213.86	0	7 849.14
	管理人员	2	5 050	160	5 210	521	625.2	1 146.2	20	4 043.8
销售人员		26	42 332	1 330	43 662	4 366.2	5 239.44	9 605.64	0	34 056.36
行政管理人员		20	58 098	240	58 338	5 833.8	7 000.56	12 834.36	480	45 023.64
合计		186	290 343	8 780	299 123	29 912.3	35 894.76	65 807.06	555	232 760.94

经理　李培花　　　　　　　　复核　石兵　　　　　　　　制表　韩林

3. 公司用中行存款交排污费，相关资料如图 12 - 1、图 12 - 2 所示。

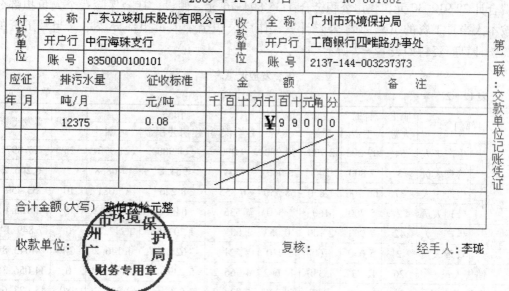

特约委托收款凭证（付款通知）

委托日期 2009年12月15日   **3**   委托号码：1763

付款人	全 称	广东立竣机床股份有限公司	收款人	全 称	广州市环境保护局
	账号地址	8350000100101		账号	2137-144-002337373
	开户银行	中行海珠支行 行号 2508		开户银行	工商银行四唯路办事处

委托金额	人民币（大写）玖佰玖拾元整	千 百 十 万 千 百 十 元 角 分 ¥ 9 9 0 0 0

款项内容	排污水费	合同号码	D1005	附寄单证张数	1

备注：

特 约

广州市环保收入户
委托收款
专用之章
收款人盖章

根据协议上列款项已由付款单账户付

银行 广 州 市 中 海珠支行
2009．12．15
收讫
付款人开户银行盖章
12月15日

单位主管   会计   复核   记账

图 12 - 1 特约委托收款凭证

广州市环境保护局
征收排污水费收款收据

2009 年 12 月 7 日   No 001862

付款单位	全 称	广东立竣机床股份有限公司	收款单位	全 称	广州市环境保护局
	开户行	中行海珠支行		开户行	工商银行四唯路办事处
	账 号	8350000100101		账 号	2137-144-003237373

应征		排污水量	征收标准	金 额	备 注
年	月	吨/月	元/吨	千 百 十 万 千 百 十 元 角 分	
		12375	0.08	¥ 9 9 0 0 0	

合计金额（大写）玖佰玖拾元整

收款单位：

广 州 市 环 境 保 护 局
财务专用章

复核：   经手人：李珑

图 12 - 2 收款收据

4. 12 月 31 日，公司计提短期借款利息，资料如表 12 – 3 所示。

表 12 – 3　　　　　　　　　　**短期借款利息计算表**

2009 年 12 月 31 日　　　　　　　　　　　　　单位：元

项目	金额	利率（%）	应计利息（月）
短期借款	300 000	6	1 500.00
合　计			1 500.00

制表：苏洋　　　　　　　　　　　　　审核：胡珍

5. 计提固定资产折旧，资料如表 12 – 4 所示。

表 12 – 4　　　　　　　　　　**固定资产折旧计算表**

2009 年 12 月 31 日　　　　　　　　　　　　　单位：元

固定资产 使用部门	月初应计折旧的 固定资产原值	月综合折旧率 （‰）	月折旧额
行政管理部门	略	略	3 500
销售部门			400
合计			3 900

制表：苏洋　　　　　　　　　　　　　审核：胡珍

6. 公司计提工会经费 2%，资料如表 12 – 5 所示。

表 12 – 5　　　　　　　　　　**工会经费计提表**

2009 年 12 月　　　　　　　　　　　　　单位：元

工资总额	计提比例	工会经费	备注
60 915.25	2%	1 218.31	

制表：苏洋　　　　　　　　　　　　　审核：胡珍

7. 公司计提职工教育经费 1.5%，资料如表 12 – 6 所示。

表 12 – 6　　　　　　　　　　**职工教育经费计提表**

2009 年 12 月 31 日　　　　　　　　　　　　　单位：元

工资总额	计提比例（%）	职工教育经费	备注
60 915.25	1.5	913.73	

制表：苏洋　　　　　　　　　　　　　审核：胡珍

二、实训要求

1. 记账凭证编制全面、正确、规范，与所依据的原始凭证相符。固定资产折旧、固定资产减值准备计算正确。制证、审核等有关人员签名或盖章。

2. 各种账簿的设置与登记完整、正确、规范。

三、实训用表（用具）

1. 通用记账凭证 8 张。

2. 三栏式明细账账页 11 张，多栏式明细账页 1 张。

3. 三栏式总账账页 11 张。

四、实训组织

1. 根据实训资料，开设"生产成本"、"制造费用"、"管理费用"、"销售费用"、"财务费用"、"其他应付款"、"营业费用"、"应付利息"、"应付职工薪酬"总账和明细账。

2. 根据实训资料编制记账凭证，并将依据的原始凭证附后。

3. 对所编制的记账凭证进行认真审核和盖章。

4. 根据审核无误的记账凭证并参考原始凭证或原始凭证汇总表逐笔登记"生产成本"、"制造费用"、"管理费用"、"销售费用"、"财务费用"、"其他应付款"、"营业费用"、"应付利息"、"应付职工薪酬"总账和明细账。

5. 全部经济业务入账后，结算"生产成本"、"制造费用"、"管理费用"、"销售费用"。

6. 核对"生产成本"、"制造费用"、"管理费用"、"销售费用"、"财务费用"、"其他应付款"、"营业费用"、"应付利息"、"应付职工薪酬"账户的本期发生额和期末余额。核对"其他应付款"、"营业费用"、"应付利息"、"应付职工薪酬"总账和明细账是否相符。

第十三章 收入和利润

一、实训资料

广东立竣机床股份有限公司2009年12月该公司发生如下经济业务：

1. 公司将三阳电路板委托深圳机电公司代销。相关资料如图13-1、图13-2所示。

记账特殊附件(007)

广东立竣机床股份有限公司与深圳机电公司于2009年1月18日签订代销合同。根据有关规定，广东立竣机床股份有限公司将150块三阳电路板委托深圳机电公司代销，合同备查。

代销合同备查公司文件：GDLJJHT-01-029。

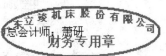

图13-1 记账特殊附件

委托代销商品出库单

领货单位：供销处　　　　　　2009年12月18日　　　　　　编号：12-1　单位：元

产品名称	型号规格	计量单位	发货数量	合格	实发数量	销售单价	实际成本	总成本
二阳电路板		块	150	150	150	2 600.00	1 280.00	192 000.00

财务主管盖章：刘本松　　　检验人盖章：　　　　　　仓库经收盖章：张唯

图13-2 委托代销商品出库单

2.

（1）公司向泰国莎锢集团销售立竣二号机床一台，货款划入公司外币工行账户。本业务核算计算关税，下接业务二。资料如图13-3所示。

记账特殊附件（009）

12月19日，公司向泰国莎锔集团销售立竣二号机床一台，单价为20 000美元/台，海关核定其单位完税价格为138 000元，关税税率为20%，货款划入公司外币账户（当日美元汇率为8.28）。

应缴纳关税为人民币：27 600.00元。

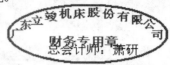

图 13-3　记账特殊附件

（2）公司向泰国莎锔集团销售立竣二号机床一台，货款划入公司外币工行账户。本业务核算缴纳关税，下接业务三。资料如图 13-4 所示。

中国银行支票存根（粤）
　　　IX II 20106122
科目
对方科目
出票
日期　2009　年　12　月　19　日
收款人：　广州海关

金额：　¥27 600.00

用途：　出口关税

单位
主管　刘本松　会计

图 13-4　银行支票存根

（3）公司向泰国莎锔集团销售立竣二号机床一台，货款划入公司外币工行账户。本业务核算收入，承接业务二。资料如图 13-5、图 13-6、图 13-7 所示。

中国工商银行　　　　　　　　　（粤）6580247

美元账户　　　资金汇划（贷方）补充凭证　　　回单

行名：工行新港西路办事处　　　　　收报日期：20091219
业务种类：国际电汇
收款人账号：624550100101　　　　付款人账号：TGHY08967
收款人户名：广东立竣机床股份有限公司
付款人户名：泰国莎锔集团
大写金额：贰万元整　　　　　　　收报流水号：892349845
小写金额：$20 000.00　　　　　　收报行行号：852487082
发报流水号：44543265
发报行行号：23553252　　　　　　　　　　　出报日期：20091214
发报行行名：bank Aad
打印日期：20091219　　　　　　20091219
当日汇率：￥828.00/$100.00　　　延时付款指令：非延时付款
用途：购立竣二号机床一台
附言　　　　　　　　　　　　　　　　　（6）

收电：　　　　　记账：　　　　　复核：

图 13-5　资金汇划（贷方）补充凭证

广 东 省 出 口 商 品 发 票
Guangdong Province Export Goods Invoice

国税

出口专用
For Export
0009911770

NO. 0294397

购货单位: 泰国莎媚集团
Purchaser: Thailand Shamei Corporation

地址:
Add: AFHF OF TGHRFJFJ 55#

电话:
Tel:

开票日期: 2009 年 12 月 19 日
Ieeued date: Year Month Date

合同号码 Contract No.		贸易方式 Trade Method	一般贸易	收汇方式 Foreign Exchange Collection From	T/T
开户银行及账号 Bank where Account opened&A/C Number		发运港 Port of Departure	广州黄埔	转运港 Port of Transshipment	
信用证号 L/C No.		运输工具 Means Transportation	海运	目的港 Port of Destination	琨沙
标记唛头号码 Mark & Nos	品 名 规 格 Description and Specification of Goods	单位 Unit	数量 Quantity	销售单价 Unit Price	销售总额 Total Sates Amount
N/M	立竣二号机床	台	1	20 000.00	20 000.00

合计金额（币种: 美圆 ） Total Amout(US$)	贰万元整
备注 Notes	

填票人:
Filler:

业户名称（盖章）selen(seal)
地址: Add:

东立竣机床股份有限公司
2233441234789
发票专用章

图 13-6 出口商品发票

广东立竣机床股份有限公司商品销售出库单

编号: **NO. 2121901**

客户名称: 泰国莎媚集团

2009 年 12 月 19 日

商品名称	规格	单位	数量	单 价	金 额										
					亿	千	百	十	万	千	百	十	元	角	份
立竣二号机床	二号	台	1	165 600.00			1	6	5	6	0	0	0	0
合 计						¥	1	6	5	6	0	0	0	0

合计人民币（大写）壹拾陆万伍仟陆佰元整

主管:刘本松   发货人:张唯   收货人:谭治   制单人:张唯

第二联：交财务部门

图 13-7 商品销售出库单

3. 中行银行转来汇票结算余款收账通知。资料如图 13-8 所示。

中国银行

银 行 汇 票（多余款收账通知）4

汇票号码
第 4 号

付款期限
壹个月

签发日期（大写）贰零零玖 年拾贰月拾玖日

代理付款行：中行海珠支行 行号：2508

收款人	天津高频设备厂	账号或住址：602047031074

| 汇款金额 | 人民币（大写） | 肆佰叁拾元整 |

| 实际结算金额 | 人民币（大写） | 壹佰贰拾万壹仟捌佰柒拾元整 | 百 | 十 | 万 | 千 | 百 | 十 | 元 | 角 | 分 |
| | | | 1 | 2 | 0 | 1 | 8 | 7 | 0 | 0 | 0 |

申请人：广东立竣机床股份有限公司 账号或住址：新港路888号 8350000100101

出票行：中行海珠支行 行号：2508

备注：购频设备余款

出票行签章

多余金额	百	十	万	千	百	十	元	角	分
				¥	4	3	0	0	0

左列退回多余金额已收入你账户内

财务主管：王节流 复核： 经办

注：汇票号码前加印省别代号

图 13-8 银行汇票

4. 公司向广州天民机械厂销售立竣二号机床一台，收到商业承兑汇票。相关资料如图 13-9、图 13-10、图 13-11 所示。

商 业 承 兑 汇 票 3

出票日期（大写）贰零零玖 年 壹拾贰 月 零柒日

汇票号码
第 6 号

收款人	全 称	广东立竣机床股份有限公司	付款人	全 称	广州天民机械厂
	账 号	8350000100101		账 号	1981100119850
	开户银行	中行海珠支行 行号 2506		开户银行	农行朝阳路办 行号 4689

汇票金额	人民币（大写）	壹拾伍仟叁佰元整	千	百	十	万	千	百	十	元	角	分
				¥	1	0	5	3	0	0	0	0

| 汇票到期日 | 2004年12月16日 | 交易合同号码 | 008 |

备注：

负责：程全 经办：黄河

图 13-9 商业承兑汇票

图 13-10 增值税专用发票

广东立竣机床股份有限公司商品销售出库单

编号: NO. 2120301
客户名称: 广州天民机械厂   2009 年 12 月 7 日

商品名称	规格	单位	数量	单 价	金 额									
					亿	千	百	十	万	千	百	十	元	角	分
立竣二号机床	二号	台	1	90 000.00				9	0	0	0	0	0	0
合 计							¥	9	0	0	0	0	0	0

合计人民币(大写)玖万元整

主管: 刘木松   发货人: 张唯   收货人: 刘龙   制单人: 张唯

图 13-11 商品销售出库单

5. 12月3日,公司向珠海东方机电公司发售产品,已向开户银行办妥有关手续,其中运杂费用由中国银行存款垫付。相关资料如图 13-12、图 13-13、图 13-14、图 13-15、图 13-16 所示。

		托收承付凭证（回单）				第 3 号								

委托日期 2009 年 12 月 3 日　　1　托收号码：1758

付款人	全　称	珠海东方机电公司	收款人	全　称	广东立竣机床股份有限公司									
	账号或地址	8350010012332		账号	8350000100101									
	开户银行	交行街道口办		开户银行	中行海珠支		行号	2508						

托收金额	人民币（大写）	壹佰捌拾伍万伍仟陆佰陆拾捌元	千	百	十	万	千	百	十	元	角	分
		¥	1	8	5	5	6	6	8	0	0

附　件		商品发运情况	合同名称号码
附寄单证张数或册数	2	已发运 NO：011009	01-1264

备注	款项收妥日期	
验单付款	年　月　日	（收款人开户行盖章）月　日

此联是收款人开户银行给收款人的回单

单位主管　　　会计　　　复核　　　记账

图 13-12　托收承付凭证（回单）

中国银行支票存根(粤)
　　　IX II 20106102

科目

对方科目

出票日期 2009 年 12 月 3 日

收款人：广州通达联运公司

金额：¥2 388.00

用途：为珠海东方机电公司垫付运杂费

单位主管 刘本松 会计

图 13-13　支票存根

图 13 - 14 增值税专用发票

图 13 - 15 货运运输发票

广东立竣机床股份有限公司商品销售出库单

编号: NO.2120301

客户名称: 珠海东方机电公司　　　　　　　　　　　　2009 年 12 月 3 日

商品名称	规格	单位	数量	单 价	金 额 亿 千 百 十 万 千 百 十 元 角 分
立竣一号机床	一号	台	7	162 000.00	1 1 3 4 0 0 0 0 0
立竣二号机床	二号	台	5	90 000.00	4 5 0 0 0 0 0
合　计					￥1 5 8 4 0 0 0 0 0

合计人民币（大写）壹佰伍拾捌万肆仟元整

主管: 刘本松　　　发货人: 张唯　　　收货人: 贾铁　　　制单人: 张唯

第二联：交财务部门

图 13-16　商品销售出库单

6. 12 月 9 日，公司向番禺光明机械厂出售立竣一号机床，已收到银行承兑汇票。相关资料如图 13-17、图 13-18、图 13-19 所示。

银 行 承 兑 汇 票　　2

出票日期（大写）贰零零玖 年 壹拾贰月 零捌 日　　　　汇票号码 第 7 号

出票人全称	番禺光明机械厂	收款人	全　称	广东立竣机床股份有限公司	
出票人账号	20-00663496		账　号	8350000100101	
出票行全称	工行大庆路办 行号 3406		开户银行	中行海珠支行 行号 2508	
汇票金额	人民币（大写）叁拾柒万玖千零捌拾元整			千 百 十 万 千 百 十 元 角 分 ￥3 7 9 0 8 0 0 0	
汇票到期日	2004年12月15日	本汇票已经承兑，到期日由本行付款		承兑协议编 003	
本汇票请你行承兑，到期无条件付款 财务专用章 番禺光明机械厂 出票人签章 2009 年 12 月 8 日				科目（借） 对方科目（贷） 转账 年 月 日 复核 记账	
		承兑行签章 承兑日期 年 月 日 备注			

作借方凭证附件 此联收款人开户行随委托收款凭证寄付款行

图 13-17　银行承兑汇票

图 13-18　增值税专用发票

广东立竣机床股份有限公司商品销售出库单

编号：NO.2120901

客户名称：番禺光明机械厂　　　　　　　　　　　2009 年 12 月 9 日

商品名称	规格	单位	数量	单价	金额								
					亿	千	百	十	万	千	百	十	元	角	分
立竣一号机床	一号	台	2	162 000.00				3	2	4	0	0	0	0	0
合　　计							¥	3	2	4	0	0	0	0	0

合计人民币（大写）叁拾贰万肆仟元整

主管：刘本松　　　　发货人：张唯　　　　收货人：刘龙　　　　制单人：张唯

图 13-19　商品销售出库单

7. 公司用中行存款预付珠海区供电局电费，资料如图 13 - 20 所示。

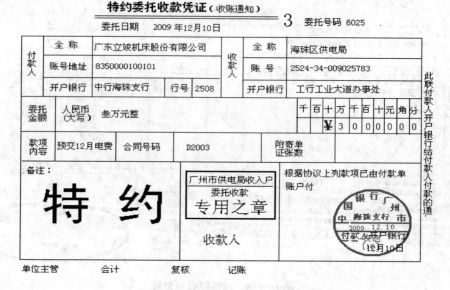

图 13 - 20　特约委托收款凭证

8. （1）公司向南昌电机厂销售立峻二号机床两台，分三次付款。第一次付总价款的 40%；余款在两个月内付清，每次付总价款的 30%；增值税票于第一次付款时开具，货已发。本业务核算发出成本，下接业务二。相关资料如图 13 - 21、图 13 - 22、图 13 - 23、图 13 - 24 所示。

记账特殊附件（005）

　　12月13日，公司向南昌电机厂销售立竣二号机床两台，单价为 90 000 元/台，分三次付款，第一次付总价款的 40% 及全额增值税，余款在两个月内付清，每次付总价款的 30%，增值税票第一次收款开具，货已发。

　　分期收款合同备查公司文件：GDLJHT-12-009。

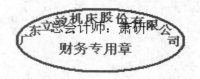

图 13 - 21　记账特殊附件

◎ 中国银行　　　　　　　　　　（粤）7076954

资金汇划（贷方）补充凭证　　回单

行名：中行海珠支行　　　　　　　　　收报日期：20091213

业务种类：电汇

收款人账号：8350000100101　　　　付款人账号：0003212021245

收款人户名：广东立竣机床股份有限公司

付款人户名：南昌电机厂

大写金额：壹拾万贰仟陆佰元整　　　　收报流水号：892346213

小写金额：￥102 600.00　　　　　　收报行行号：565442554

发报流水号：86453254

发报行行号：45367752　　　　　　　发报日期：20091210

发报行行名：南昌市工行白塔办事处

打印日期：20091213　　　　　　　　延时付款指令：非延时付款

（中国银行海珠支行 20091214 转讫 (6)）

用途：　购货款

附言

收电：　　　　　记账：　　　　　复核：

图 13 - 22　资金汇划（贷方）补充凭证

图 13 - 23　增值税专用发票

分期收款商品出库单

2009年12月13日

领货单位：供销处　　　　　　　　　　　　　　　　　　编号：12-1　　　单位：元

产品名称	型号规格	计量单位	发货数量	合格	实发数量	成本	单价	金额
立竣二号机床		台	2	2	2	51 000.00	90 000.00	180 000.00

财务主管盖章：刘本松　　　　　　检验人盖章：　　　　　　仓库经收盖章：张唯

图 13-24　分期收款商品出库单

（2）公司向南昌电机厂销售立竣二号机床两台，分三次付款。第一次付总价款的
40%；余款在两个月内付清，每次付总价款的30%。增值税票于第一次付款时开具，
货已发。本业务核算收入，承接业务一，下接业务三。

9. 中行账户收到珠海东方机电公司货款和代垫运杂费。资料如图 13-25 所示。

图 13-25　托收承付结算凭证

10. 公司于12月8日收到番禺光明机械厂的银行承兑汇票到期，填写三联进账单
连同汇票第二联交开户行入账。企业根据进账单的回单记账。相关资料如图 13-26、
图 13-27 所示。

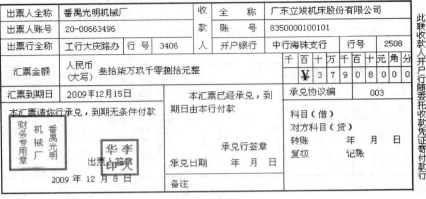

图 13 - 26　银行承兑汇票

图 13 - 27　银行进账单

11. 12 月 31 日，公司按期末应交流转税的规定比例计提城建税、教育费附加。资料如表 13 - 1 所示。

教育费附加及城市维护建设税计提表

表 13 - 1		2009 年 12 月 31 日	单位：元

		金额	备注
1	本月销项税额	22 567.5	
2	本月进项税额	5 280.32	
3	本月应交增值税	17 287.18	
4	计税依据（3）	17 287.18	
5	本月应交城市维护建设税（7%）	1 210.10	
6	本月应交教育费附加（3%）	518.62	
	城建税与教育费附加合计	1 728.72	

制表：苏洋　　　　　　　　　　审核：胡珍

12. 12 月 31 日，公司结转销售产品成本（计算出月末加权平均单价后，用加权平均单价乘以销售数量，可计算出销售产品成本，加权平均单价保留两位小数）。如表13 - 2 所示。

主营业务成本计算表

表 13 - 2　　　　　　　　　　　　2009 年 12 月 31 日　　　　　　　　　　单位：元

产名称	销售数量（台）	单位成本	销售总成本
一号车床	840	22.92	19 252.8
二号车床	880	22.51	19 808.8
三号车床	1 010	22.78	23 007.8
四号车床	930	28.53	26 532.9
	3 660		88 602.3

制表：苏洋　　　　　　　　　　　　　　审核：胡珍

13. 12 月 31 日，公司结转损益类账户贷方余额。资料如表13 - 3 所示。

内部转账单

表 13 - 3　　　　　　　　　　　　2009 年 12 月 31 日　　　　　　　　　　单位：元

应借科目	应贷科目	金额	本月金额	1 ~ 11 月累计金额
主营业务收入		1 733 250	132 750	1 600 500
其他业务收入		150 000	100 000	50 000
营业外收入		10 600	600	10 000
投资收益		109 460	109 460	
	本年利润	2 003 310		
	本月及 1 ~ 11 月小计		34	1 660 500
	全年合计	2 003 310		

制表：苏洋　　　　　　　　　　　　　　审核：胡珍

14. 12 月 31 日，公司结转损益类账户借方余额。资料如表13 - 4 所示。

内部转账单

表 13 - 4　　　　　　　　　　　　2009 年 12 月 31 日　　　　　　　　　　单位：元

应借科目	应贷科目	本月金额	1 ~ 11 月累计金额	金额合计
本年利润				
	主营业务成本	88 602.3	973 500	1 062 102.3
	营业税金及附加	1 728.72	25 000	26 728.72
	其他业务成本	5 500	40 000	45 500
	营业外支出	18 280	5 000	23 280
	财务费用	1 680	20 000	21 680
	销售费用	36 798.1	80 000	116 798.1
	管理费用	53 921.75	300 000	353 921.75
	本月及 1 ~ 11 月小计	206 510.88	1 443 500	
	全年合计			1 650 010.87

制表：苏洋　　　　　　　　　　　　　　审核：胡珍

其会计分录如下：

借：本年利润　　　　　　　　　　　　　　　　　1 650 010.87

　　贷：主营业务成本(973 500 + 88 602.3)　　　　　　　1 062 102.3

　　　　营业税金及附加(25 000 + 1 728.72)　　　　　　　26 728.72

　　　　其他业务成本[40 000 + (18)5 500]　　　　　　　45 500

　　　　营业外支出[5 000 + (19)1 800 + (29)15 000 + (48)1 480]　　　23 280

　　　　财务费用[20 000 + (8)80 + (15)100 + (50)1 500]　　　21 680

　　　　销售费用[80 000 + 36 798.1]　　　　　　　116 798.1

　　　　管理费用(300 000 + 53 921.75)　　　　　　　353 921.75

15. 计算本期所得税（税率为25%）（假设1—11月无调整项目，1—11月已计提所得税74 910元）。资料如表13-5所示。

企业所得税计算表

表13-5　　　　　　　2009年12月1日至12月31日　　　　　　　单位：元

项　目	行数	本月数
一、主营业务收入	1	132 750
减：主营业务成本	4	88 602.3
营业税金及附加	5	1 728.72
二、主营业务利润	10	42 418.98
加：其他业务利润（亏损以"-"号填列）	11	94 500
减：销售费用	14	36 798.1
管理费用	15	53 921.75
财务费用	16	1 680
三、营业利润（亏损以"　"号填列）	18	44 519.15
加：投资收益（损失以"-"号填列）	19	109 460
营业外收入	23	600
减：营业外支出	25	18 280
四、利润总额（亏损总额以"-"号填列）	27	136 299.13
加：纳税调整增加额		
①税收罚款	28	1 800
②坏账准备调整	29	4 039.65
③公益、救济性的捐赠（超支部分）	30	8 513.25
减：纳税调整减少额		
①投资收益		-90 000
五、应纳税所得额	34	60 652.03

表13-5(续)

项　　目	行数	本月数
适用税率	35	25%
六、应纳所得税额	36	16 550.17

制表：苏洋　　　　　　　　　　　　　审核：胡珍

注：1. 税法规定的税前坏账扣除数为应收账款余额的5‰，而本企业已按应收账款余额的10‰扣除。

（超支：6 070×10‰ -6 070×5‰ =4 039.65）

2. 假设本企业为利税挂钩企业，2009年核对的人均月计税工资为2 870元（企业为27×2 870 =77 490元），本企业的应付工资总额未超过计税工资总额，所以不须进行纳税调整。

3. 公益、救济性的捐赠。税法规定的扣除标准：年应纳税所得额3%以内（1~11月应纳税所得额为227 000 +本月应纳税所得额6 065 205 =283 774.95元，本企业超支15 000 -283 774.95×3% =8 513.25元）。

提示：按2007年新的所得税法规定的扣除标准，年应纳税所得额为10%。

16. 结转全年所得税，资料如表13-6所示。

内部转账单

表13-6　　　　　　　　　　2009年12月31日　　　　　　　　　　单位：元

应借科目	应贷科目	全年金额	本月金额	1—11月累计金额
本年利润		91 460.17		
	所得税费用	91 460.17	16 550.17	74 910

制表：苏洋　　　　　　　　　　　　　审核：胡珍

17. 结转本年净利润。资料如表13-7所示。

内部转账单

表13-7　　　　　　　　　　2009年12月31日　　　　　　　　　　单位：元

应借科目	应贷科目	金额	备注
本年利润		261 838.96	
	利润分配——未分配利润	261 838.96	

制表：苏洋　　　　　　　　　　　　　审核：胡珍

18. 按本年净利润的10%计提法定盈余公积，5%计提法定公益金。资料如表13-8所示。

表 13 - 8　　　　　　　　　**法定盈余公积、公益金计提表**　　　　　　　单位：元

项目	全年净利润	计提比例（%）	金额
法定盈余公积	261 838.96	10	26 183.90
法定公益金		5	13 091.95
合计			39 275.85

制表：苏洋　　　　　　　　　　　　审核：胡珍

19. 按年末可供分配利润的 60% 向投资者分配利润。资料如表 13　9 所示。

应付利润计算表

表 13 - 9　　　　　　　　　　2009 年 12 月 31 日

项目	金额（元）	备注
年初未分配利润	285 000	
＋本年净利润	261 838.96	
－本年计提的盈余公积	39 275.85	
（法定盈余公积、公益金）		
年末可供分配利润	507 563.11	
－向投资者分配利润（60%）	304 537.87	
其中：广州市东明股份有限公司 66%	200 994.99	
李华 34%	103 542.88	
年末未分配利润	203 025.24	

制表：苏洋　　　　　　　　　　　　审核：胡珍

20. 结转利润分配明细账，资料如表 13 - 10 所示。

内部转账单

表 13 - 10　　　　　　　　　2009 年 12 月 31 日　　　　　　　　单位：元

应借科目	应贷科目	金额	备注
利润分配——未分配利润		343 813.72	
	利润分配——提取法定盈余公积	26 183.90	
	利润分配——提取法定公益金	13 091.95	
	利润分配——应付利润	304 537.87	

制表：苏洋　　　　　　　　　　　　审核：胡珍

二、实训要求

1. 记账凭证编制全面、正确、规范，与所依据的原始凭证相符。制证、审核等有关人员签名或盖章。

2. 各种账簿的设置与登记完整、正确、规范。

三、实训用表（用具）

1. 通用记账凭证 21 张。

2. 三栏式明细账账页张。

四、实训组织

1. 根据实训资料，开设"主营业务收入"、"主营业务成本"、"主营业务税金及附加"、"其他业务收入"、"其他业务成本"、"投资收益"、"营业外收入"、"营业外支出"、"所得税"、"利润分配"总账和明细账。

2. 根据实训资料编制记账凭证，并将依据的原始凭证附于记账凭证之后。

3. 依据现行企业会计准则、企业会计制度的有关规定，对所编制的记账凭证进行认真审核并签字或盖章。

4. 根据审核无误的记账凭证并参考原始凭证或原始凭证汇总表逐笔登记"主营业务收入"、"主营业务成本"、"主营业务税金及附加"、"其他业务收入"、"其他业务支出"、"投资收益"、"营业外收入"、"营业外支出"、"所得税"、"利润分配"总账和明细账。

5. 全部经济业务入账后，结算"主营业务收入"、"主营业务成本"、"主营业务税金及附加"、"其他业务收入"、"其他业务支出"、"投资收益"、"营业外收入"、"营业外支出"、"所得税"账户的本期发生额和"利润分配"账户的期末余额。

6. 核对"主营业务收入"、"主营业务成本"、"主营业务税金及附加"、"其他业务收入"、"其他业务支出"、"投资收益"、"营业外收入"、"营业外支出"、"所得税"、"利润分配"总账和明细账是否相符。

第十四章　财务报告

一、实训资料

富丽实业有限责任公司 2009 年 12 月初各账户余额如表 14-1 至表 14-7 所示。

表 14-1　　　　　　　　　各总分类账户余额表　　　　　　　　单位：元

账　户	借或贷	金　额	账　户	借或贷	金　额
库存现金	借	3 000	累计折旧	贷	2 222 000
银行存款	借	4 942 100	应付票据	贷	50 000
交易性金融资产	借	350 000	短期借款	贷	200 000
应收票据	借	100 000	应付账款	贷	106 100
应收账款	借	150 000	预收账款	贷	100 000
其他应收款	借	29 000	其他应付款	贷	40 000
原材料	借	735 000	应付职工薪酬	贷	95 000
库存商品	借	2 220 000	应交税费	贷	45 000
固定资产	借	7 640 000	实收资本	贷	9 000 000
无形资产	借	375 000	资本公积	贷	2 000 000
盈余公积	贷	164 000			
本年利润	贷	2 308 000			
未分配利润	贷	214 000			
合　计		16 544 100			16 544 100

表 14-2　　　　　　　　　库存商品明细账户余额表　　　　　　　单位：元

产品名称	单　位	数　量	单　价	金　额
甲产品	件	10 000	110	1 100 000
乙产品	件	8 000	140	1 120 000
合　计				2 220 000

表 14-3　　　　　　　　　原材料明细账户余额表　　　　　　　单位：元

材料名称	单　位	数　量	单　价	金　额
A 材料	千克	6 000	20	120 000
B 材料	千克	4 500	60	270 000
C 材料	千克	4 500	50	225 000
D 材料	千克	8 000	15	120 000
合　计				735 000

表14-4   **应收账款明细账户余额表**   单位：元

一级科目	明细科目	借或贷	金　额
应收账款	光华建材有限责任公司	借	58 500
	红星实业有限责任公司	借	91 500
合　计			150 000

表14-5   **应付账款明细账户余额表**   单位：元

一级科目	明细科目	借或贷	金　额
应付账款	华运机电有限责任公司	贷	93 600
	庭州建材有限责任公司	贷	12 500
合　计			106 100

表14-6   **应交税费及其他应交款明细账户余额表**   单位：元

一级科目	明细科目	借或贷	金　额
应交税费	未交增值税	贷	30 000
	应交所得税	贷	8 000
	应交城市维护建设税	贷	4 900
	教育费附加	贷	2 100
合　计			45 000

表14-7   **损益类账户累计发生额一览表**   单位：元

账户名称	借方发生额	账户名称	贷方发生额
主营业务成本	9 570 000	主营业务收入	14 850 000
营业税金及附加	95 000	其他业务收入	1 800 000
其他业务成本	800 000	投资收益	795 000
管理费用	1 730 000	营业外收入	10 000
销售费用	1 550 000		
财务费用	150 000		
营业外支出	120 150		
所得税费用	1 131 850		
合　计	15 147 000		17 455 000

2009年12月该公司发生如下经济业务：

1. 1日，公司将银行存款200 000元，划转到证券公司资金账户，准备购买股票。相关资料如图14-1、图14-2所示。

中国工商银行转账支票存根

支票号码: 01447363

科目

对方科目

出票
日期　2009 年 12 月 1 日

收款人: **富丽实业有限公司**

金额: **￥200 000.00**

用途: **购买股票**

单位
主管　**刘丽霞**　会计

图 14 - 1　银行转账支票存根

福安市证券营业部(银行转存)凭证

2009 年 12 月 1 日

收款人	全称	富丽实业有限公司	付款人	全称	富丽实业有限公司
	账号或地址	2100030700546905868		账号或地址	3600044900652377218
	开户银行	证券公司办事处		开户银行	福安市工行平安路分理处

人民币（大写）：贰拾万元整

	千	百	十	万	千	百	十	元	角	分
		￥	2	0	0	0	0	0	0	0

票据种类	转账支票
票据张数	1

收款人开户银行盖章:

中国工商银行
证券公司办事处

转讫

单位主管　会计　复核　记账

图 14 - 2　营业部银行转存凭证

2. 1 日，收到光华公司归还前欠货款 58 500 元。资料如图 14 - 3 所示。

中国工商银行进账单（收账通知）　1

2009 年 12 月 1 日　　　　　　第 21 号

出票人	全称	光华建材有限责任公司	持票人	全称	富丽实业有限责任公司
	账号	31000234000325129005		账号	3600044900652377218
	开户银行	武汉市石化支行		开户银行	福安市工行平安路分理处

人民币（大写）伍万捌仟伍佰元整

	百	十	万	千	百	十	元	角	分
			￥	5	8	5	0	0	0

中国工商银行
福安市平安支行

转讫

票据种类	转账支票
票据张数	1 张

单位
主管　会计　复核　记账

持票人开户行盖章

此联是持票人开户银行交给持票人的收账通知

图 14 - 3　银行进账单

3. 1 日，公司购入华翔公司 2009 年 12 月 1 日发行的三年期债券，债券票面利率为 12%，债券面值为 1 000 元，企业用 1 050 元购入 100 张，另支付相关税费 80 元。

该债券每年付息一次，以转账支票付讫。相关资料如图 14 - 4、图 14 - 5、图 14 - 6、图 14 - 7 所示。

福安市证券营业部(银行转存)凭证

2009 年 12 月 1 日

收款人	全 称	富丽实业有限公司	付款人	全 称	富丽实业有限公司									
	账号或地址	2100030700546905868		账号或地址	3600044900652377218								
	开户银行	证券公司办事处		开户银行	福安市工行平安路分理处								
人民币（大写）：壹拾万零伍仟零捌拾元整					千	百	十	万	千	百	十	元	角	分
						¥	1	0	5	0	8	0	0	0
票据种类	转账支票		收款人开户银行盖章										
票据张数	1		中国工商银行 证券公司办事处 转讫										
单位主管	会计	复核	记账										

图 14 - 4 证券营业部（银行转存）凭证

中国工商银行转账支票存根
支票号码：01447364

科目

对方科目

出票日期 2009 年 12 月 1 日

收款人：富丽实业有限公司

金额： ¥ 105 080.00

用途： 购买债券

单位主管 刘丽霞 会计

图 14 - 5 银行转账支票存根

福安证券中央登记结算公司

（买）

成交过户交割单   2009 年 12 月 1 日

股东编号	C00385	成交证券	企业债券
电脑编号	550	成交数量	100
公司名称	华翔	成交价格	1 050
申报编号	231	成交金额	105 000
申报时间	051125	佣 金	
成交时间	051201	过户费	50
上次余额	0（手）	印花税	
本次成交	10（手）	应付金额	105 080
本次余额	10（手）	附加费用	财务专用章
本次库存	10（手）	实收金额	

③通知联

经办单位：证券公司门市部   客户签章：

图 14 - 6 成交过户交割单

福安市证券公司营业部　　　　NO：01201

委托书　　　　　　　　合同号:1120

资金账号:2100030700546905868　　　　　　　证券账号:B00450

委托人：富丽实业有限公司　　　2009 年 11 月 25 日

证券名称	股数与面额	限价	有效期间	附注	委托方式
企业债券	100	1060	2009 年 12 月 5 日前		当面委托

营业员签章：叶永华　　　　　　　　　　　委托人签章：杨为

图 14-7　委托书

4. 2 日，公司接受东方公司投资的货币资金 200 000 元，存入银行。相关资料如图 14-8、图 14-9 所示。

收 款 收 据　　　　　No:0003561

2009 年 12 月 2 日

交款单位：　东方公司

人民币(大写)　贰拾万元整　　　　　　　(小写)￥　200 000.00

附注：

投资款　　　　　　　福丽实业有限责任公司

财务专用章

盖章（收款单位）　　　　　　　签字（收款人）王芳芳

图 14-8　收款收据

中国工商银行进账单（收账通知）　1

2009 年 12 月 2 日　　　　　　　　　第 22 号

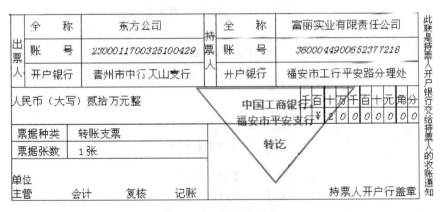

图 14-9　银行进账单

5. 2 日，公司从武汉市前进建材工厂购入 A 材料 1 000 千克，每千克 20 元，计 20 000 元，增值税为 3 400 元；B 材料 2 000 千克，每千克 60 元，计 120 000 元，增值税 20 400 元。材料已验收入库，款项以银行存款支付。相关资料如图 14-10、图 14-11、图 14-12 所示。

收 料 单

2009 年 12 月 2 日　　　　　　　No.045301

供货单位：武汉市前进建材工厂

编号	材料名称	规格	送验数量	实收数量	单位	单价	运杂费	实际成本 金额								
								百	十	万	千	百	十	元	角	分
003	A 材料	PU	1 000	1 000	千克					2	0	0	0	0	0	0
004	B 材料	FJ	2 000	2 000	千克				1	2	0	0	0	0	0	0
合　计								¥	1	4	0	0	0	0	0	0
备 注：								附单据 2 张								

主管：　　会计：　　保管：乔卫国　　复核　　验收：张志强

图 14 - 10　收料单

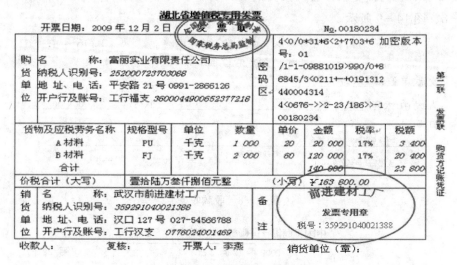

图 14 - 11　增值税专用发票

图 14 - 12　银行转账支票存根

　　6. 2 日，管理人员张小红出差，预借差旅费 3 000 元，以现金付讫。资料如图 14 - 13 所示。

借 款 单

2009 年 12 月 2 日

借款部门或姓名：张小红					
借款事由：出差					
共需天数：一个月					
借款金额（人民币大写）：叁仟元整				（小写）￥3 000.00	
领导批示	同意 李宏伟	财务负责人	同意 刘丽霞	借款人签章	张小红

图 14 - 13　借款单

7. 2 日，公司向工商银行借入为期 3 个月的流动资金周转贷款 60 000 元。年利率为 5%。资料如图 14 - 14 所示。

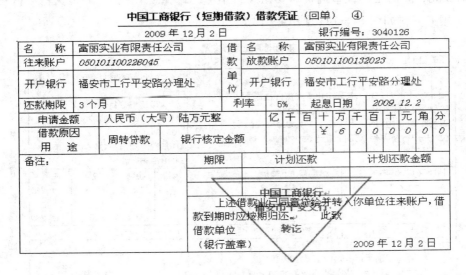

图 14 - 14　银行（短期借款）借款凭证

8. 3 日，公司以银行存款支付生产车间设备维修费 5 380 元。相关资料如图 14 - 15、图 14 - 16 所示。

图 14 - 15　银行转账支票存根

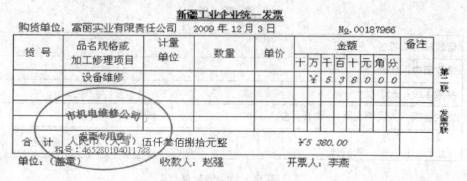

图 14 – 16　工业企业统一发票

9. 3 日，公司从星海工厂购入 C 材料 500 千克，单价为 50 元，计 25 000 元；增值税 4 250 元，星海工厂代垫运费 500 元（暂不考虑增值税）。款项尚未支付，材料尚未入库。相关资料如图 14 – 17、图 14 – 18 所示。

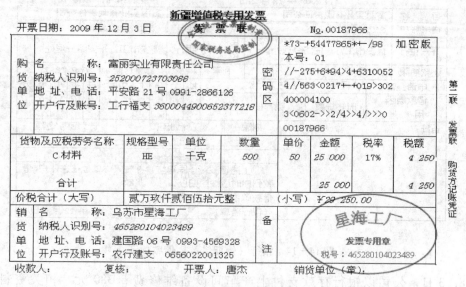

图 14 – 17　增值税专用发票

公路、内河货物运输业统一发票（代开）

开票日期：2009 年 12 月 3 日　　发票联　　No.34501002956

机打代码	00295632		
机器编号	20062579	税控码	
收货人及纳税人识别号	富丽实业有限责任公司 25200072370 3088	承运人及纳税人识别号	乌苏市顺风汽车运输队 465280104065267
运输项目及金额	公路货物运输 500.00	其他及金额	乌苏市地方税务局备注（手写无效） 代开发票专用章　代开单位盖章
运费小计	￥500.00	其他费用小计	￥0.00
合计（大写）	伍佰元整	（小写）	￥500.00
代开单位及代号	乌苏市地方税务局 345010900	扣缴税额、税率 完税凭证号码	33.00（税率）6.6% 20040980391

（注：暂不考虑运费的增值税进项税抵扣）　　　　开票人：陆红光

图 14 – 18　公路、内河货物运输业统一发票

10. 4 日，公司销售给光明工厂甲产品 1 000 件，单价为 200 元，计 200 000 元；增值税 34 000 元。收到光明工厂开出的为期两个月的商业承兑汇票一张，面额为 234 000 元。相关资料如图 14 - 19、图 14 - 20 所示。

图 14 - 19　增值税专用发票

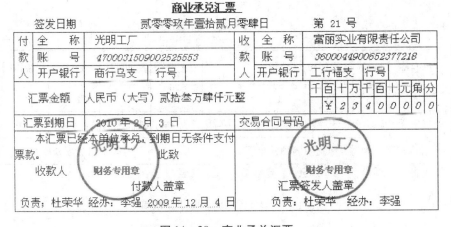

图 14 - 20　商业承兑汇票

11. 4 日，公司购买天龙股份普通股股票 5 000 股，每股 10 元，随时准备变现，另支付相关手续费等 450 元，通过证券公司资金专户划转款项。资料如图 14 - 21 所示。

福安证券中央登记结算公司

成交过户交割单　　　　　2009 年 12 月 4 日　　

股东编号	A0099	成交证券	天龙普通股股票
电脑编号	Z0077	成交数量	5 000 股
公司名称	富丽实业有限公司	成交价格	10 元
申报编号	120105	成交金额	50 000 元
申报时间	12 月 2 日	佣　金	450 元
成交时间	200712041420	过户费	
上次余额	0	印花税	
本次成交	5 000	应付金额	50，450 元
本次余额	5 000	到期日期	
本次库存	5 000	到期金额	

（左侧竖排：福安市税务局监制）　　（右侧竖排：③通知联）

经办单位：证券公司门市部　　　　客户签章：

图 14-21　成交过户交割单

12. 5 日，公司从长城机电工厂购入不需要安装的机床一台，价款为 200 000 元，增值税为 34 000 元，款项以银行存款支付。相关资料如图 14-22、图 14-23、图 14-24 所示。

固定资产验收交接单　　　　No.0001234
2009 年 12 月 5 日　　　　　　金额：元

资产名称	规格	计量单位	数量	单价或工程造价	安装费用	其他费用	合计	已提折旧
机床	W6	台	1	234 000			234 000	
资产来源	购入	制造厂名	长城机电	使用年限	10 年	估计残值	8 000	

合计人民币（大写）贰拾叁万肆仟元整　　　　（小写）￥234 000.00

验收人：刘静　　　接管人：赵红斌　　　主管：　　　会计：

图 14-22　固定资产验收交接单

图 14 - 23　增值税专用发票

图 14 - 24　银行转账支票存根

13. 5 日，公司以银行存款预付下年度财产保险费 12 000 元。相关资料如图 14 - 25、图 14 - 26 所示。

图 14 - 25　银行转账支票存根

中国财产保险股份有限公司福安分公司保险费专用发票

2009 年 12 月 5 日　　　　　　　No.0001310

投保人	险种	保险金额	保险费率	保险费	备注
富丽公司	财产险	12 000 000	1‰	12 000.00	预付下年度保险费

合计人民币（大写）壹万贰仟元整　　　　　　　¥12 000.00

复核：黄同　　　经办：金明学　　　业务员：陈兵　　　单位：（盖章）

图 14-26　保险费专用发票

14. 6 日，公司从武汉市前进建材工厂购入 A 材料 2 000 千克，单价 20 元，计 40 000 元；D 材料 3 000 千克，单价为 15 元，计 45 000 元；增值税为 14 450，运费为 5 000 元（按重量比例分摊，不考虑增值税），材料已验收入库。公司开出面额为 104 450 元的商业承兑汇票一张，期限为三个月。相关资料如图 14-27、图 14-28、表 14-8、图 14-29、图 14-30 所示。

公路、内河货物运输业统一发票（代开）

开票日期：2009 年 12 月 6 日　发票联　　　No.00256010768

机打代码	00125326			
机器编号	20061009	税控码		
收货人及纳税人识别号	富丽实业有限责任公司 252000723703088	承运人及纳税人识别号	汉口神龙汽车运输队 35929 1040065796	
运输项目及金额	公路货物运输 5 000.00	其他及金额		（手写无效）代开单位盖章
运费小计	¥5 000.00	其他费用小计	¥0.00	
合计（大写）	伍仟元整			¥5 000.00
代开单位及代号	汉口市地方税务局 354020876	扣缴税额 税率	330.00（税率）6.6%	
		完税凭证号码	20061007402	

开票人：张瑜

图 14-27　公路、内河货物运输业统一发票

湖北省增值税专用发票

开票日期：2009 年 12 月 6 日　　　发　票　联　　　No.00187992

购货单位	名　　称：富丽实业有限责任公司				密码区	*31*6<<2+/-+7703*6　加密版本 号：01 2/1-3-02548003>950/2+3 6012/3<<201+-+01>>302 440004202 2<1023->>1-23//86>>0 00187992			第二联　发票联　购货方记账凭证
	纳税人识别号：252000723703088								
	地　址、电话：平安路 21 号 0991-2866126								
	开户行及账号：工行福支 3800044900652377218								
货物及应税劳务名称	规格型号	单位	数量	单价	金额	税率	税额	
A 材料	PU	千克	2 000	20	40 000	17%	6 800	
D 材料	UK	千克	3 000	15	45 000	17%	7 650	
合计					85 000		14 450	
价税合计（大写）	玖万玖仟肆佰伍拾元整　　　　（小写）　¥99 450.00							
销货单位	名　　称：武汉市前进建材工厂			备注	前进建材工厂 发票专用章 税号 359291040021388			
	纳税人识别号：359291040021388							
	地　址、电话：汉口 127 号 027-54566788							
	开户行及账号：工行汉支　0776024001469							

收款人：　　　　复核：　　　　开票人：李燕　　　　销货单位（章）：

图 14-28　增值税专用发票

运费分配表

表 14-8　　　　　　　　2009 年 12 月 6 日　　　　　　　No.045302

材料名称	购进重量（千克）	发生运费	分配率	分配金额（元）
A 材料	2 000			
D 材料	3 000			
合计	5 000	5 000		5 000

会计：　　　　　　　　制单：赵红　　　　　　　　复核

收　料　单

2009 年 12 月 6 日　　　　　　　No.045302

供货单位：武汉市前进工厂						实 际 成 本											第二联　送会计部门
编号	材料名称	规格	送验数量	实收数量	单位	单价	运杂费	金额									
								百	十	万	千	百	十	元	角	分	
003	A 材料	PU	2 000	2 000	千克												
006	D 材料	UK	3 000	3 000	千克												
合　　计																	
备　注：						附单据 2 张											

主管：　　　会计：　　　保管：乔卫国　　　复核　　　验收：张志强

图 14-29　收料单

商业承兑汇票

签发日期	贰零零玖年壹拾贰月零陆日	第 11 号

付款人	全 称	富丽实业有限责任公司	收款人	全 称	武汉市前进建材工厂
	账 号	360004490065237 7218		账 号	0776024001469
	开户银行	工行福支	行号		开户银行	工行汉支	行号

汇票金额	人民币（大写）壹拾万肆仟肆佰伍拾元整	千百十万千百十元角分 ¥1 0 4 4 5 0 0 0

汇票到期日	2010 年 3 月 5 日	交易合同号码

汇票已经本单位承兑，到期日无条件支付票款。 此致

收款人 　富丽实业有限责任公司 财务专用章

付款人盖章

负责：杜荣华 经办：李强 2009 年 12 月 6 日

汇票签发人盖章　富丽实业有限责任公司 财务专用章

负责：杜荣华 经办：李强

图 14-30　商业承兑汇票

15. 6 日，公司购进的 C 材料到达企业，验收无误后入库，并以银行存款支付货款。相关资料如图 14-31、图 14-32 所示。

收 料 单

2009 年 12 月 6 日　　No.045303

供货单位：乌苏市星海工厂						实 际 成 本		
编号	材料名称	规格	送验数量	实收数量	单位	单价	运杂费	金额 百十万千百十元角分
005	C 材料	HE	500	500	千克			
合 计								
备 注：						附单据 1 张		

主管：　　会计：　　保管：乔卫国　　复核：　　验收：张志强

图 14-31　收料单

中国工商银行转账支票存根
支票号码：01447369

科目

对方科目

出票日期 2009 年 12 月 6 日

收款人：乌苏市星海工厂

金额：￥29 750.00

用途：支付购材料款

单位主管 刘丽霞　会计

图 14-32　银行转账支票存根

16. 7 日，公司签发转账支票一张，预付向阳工厂货款 100 000 元。相关资料如图 14-33、图 14-34 所示。

图 14-33　银行转账支票存根

图 14-34　收据

17. 8 日，公司将本月 4 日购入的天龙股份出售 4 000 股，成本为每股 10 元，出售价为每股 13 元，扣除相关税费 500 元，实得 51 500 元，通过证券公司资金专户划转款项。相关资料如图 14-35 所示。

福安证券中央登记结算公司

成交过户交割单　　　2009 年 12 月 8 日　　　　卖

股东编号	A0099	成交证券	天龙普通股股票
电脑编号	Z0077	成交数量	5 000 股
公司名称	富丽实业有限公司	成交价格	13 元
申报编号	120107	成交金额	52 000 元
申报时间	12 月 7 日	佣　金	450 元
成交时间	200912071520	过户费	
上次余额	5 000	印花税	50 元
本次成交	5 000	应收金额	51 500 元
本次余额	0	到期日期	
本次库存	0	到期金额	

（左侧竖排：福安市税务局监制）　（右侧竖排：③通知联）

经办单位：证券公司门市部　　　　客户签章：

图 14 - 35　成交过户交割单

18. 9 日，公司签发转账支票一张，支付产品广告费 4 500 元。相关资料如图 14 - 36、图 14 - 37 所示。

新疆广告业专用发票　　　No.0056384

客户名称：富丽实业有限责任公司　　2009 年 12 月 9 日

项　目	单　位	数量	单　价	金　额 十 万 千 百 十 元 角 分
广告费	次	1	4 500	￥ 4 5 0 0 0 0

（盖章：乌市创意广告有限公司　发票专用章）　税号：4652801052038 70

合计人民币（大写）肆仟伍佰元整　　　　　　￥4 500.00

单位：（盖章）　　　　　　　　　　　开票人：胡玉青

图 14 - 36　广告业专用发票

```
中国工商银行转账支票存根
   支票号码：01447371
科目
对方科目
出票
日期  2009 年 12 月 9 日
收款人： 市创意广告有限公司

金额：   ￥4 500.00

用途：   支付广告费用

单位
主管  刘丽霞   会计
```

图 14 - 37　银行转账支票存根

19. 10 日，公司发放职工工资 85 000 元（通过银行转入职工个人储蓄账户）。相关资料如图 14-38、表 14-9、图 14-39 所示。

```
中国工商银行转账支票存根
支票号码：01447372
科目
对方科目
出票
日期    2009 年 12 月 10 日
收款人： 本单位

金额：    ￥85 000.00

用途：   发工资

单位
主管   刘丽霞   会计
```

图 14-38 银行转账支票存根

2009 年 12 月份工资发放表

表 14-9   单位：元

序号	姓名	岗位工资	奖金	应发工资	扣款	实发
1	李宏伟	3 000	2 000	5 000	略	5 000
2	王磊	800	400	840		840
3	张燕	1 200	500	1 700		1 700
4	刘强	1 500	800	2 300		2 300
…	…	…	…	…	…	…
102	赵小兵	750	300	1 050		1 050
合计		51 000	34 000	85 000		85 000

企业人员工资代发凭证

单位代码：S乙010502049   单位名称：富丽实业有限责任公司
打印日期：2009.12.10   单位：元

工资款项	职工人数	岗位工资	奖金	应发工资	扣款	实发
合计	102	51 000	34 000	85 000		85 000

图 14-39 企业人员工资代发凭证

20. 10 日，公司以转账支票上交上月的税金及教育费附加共 45 000 元。（教育费附加为 2 100 元，城市维护建设税为 4 900 元，所得税为 8 000 元，增值税为 30 000 元）相关资料如图 14-40、图 14-41、图 14-42、图 14-43 所示。

图 14 - 40　税收缴款书

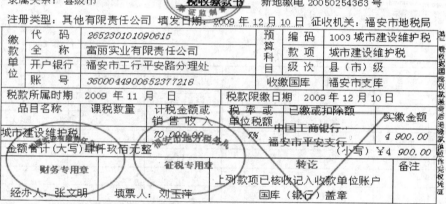

图 14 - 41　税收缴款书

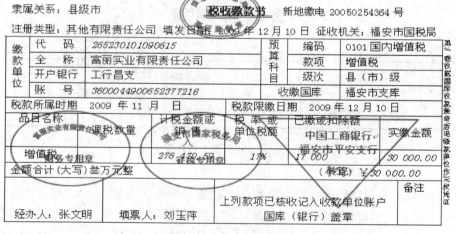

图 14 - 42　税收缴款书

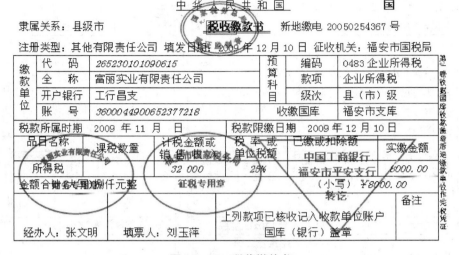

图 14-43 税收缴款书

21. 11 日，公司购买梅林股份普通股股票 10 000 股，每股 8 元（其中含有已宣告发放但尚未支付的股利 0.5 元，将于本月 23 日发放），随时准备变现，另支付相关手续费等 750 元，通过证券公司资金专户划转款项。资料如图 14-44 所示。

福安证券中央登记结算公司

成交过户交割单　　　　2009 年 12 月 11 日　　　　买

	股东编号	B111111	成交证券	梅林股份
福安市税务局监制	电脑编号	12345	成交数量	10 000 股
	公司名称	富丽实业有限公司	成交价格	8 元
	申报编号	120110	成交金额	80 000 元
	申报时间	12 月 10 日	佣　金	750 元
	成交时间	200912010420	过户费	
	上次余额	0	印花税	
	本次成交	10 000	应付金额	80 750 元
	本次余额	10 000	到期日期	
	本次库存	10 000	到期金额	

③通知联

经办单位：证券公司门市部　　　　客户签章：

图 14-44

22. 11 日，公司出售 A 材料 500 千克，销售价款为 15 000 元，增值税为 2 550 元，款已收到，存入银行。相关资料如图 14-45、图 14-46 所示。

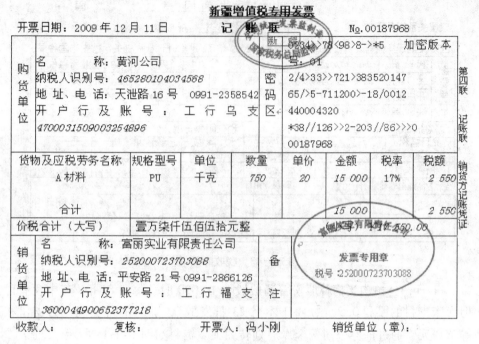

图 14-45 增值税专用发票

图 14-46 银行进账单

23. 11 日，公司销售给五环工厂甲产品 2 500 件，单价为 200 元，乙产品 500 件，单价为 150 元，增值税 97 750 元。款已收到，存入银行。相关资料如图 14-47、图 14-48 所示。

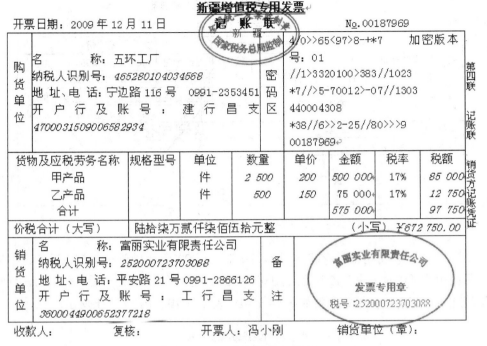

图 14-47 增值税专用发票

图 14-48 银行进账单

24. 11 日，公司收到前购买的太钢不锈股票发放的库存现金股利 300 元，此款已转入证券公司资金专户。资料如图 14-49 所示。

中国工商银行**进账单**（回单或收账通知）

2009 年 12 月 11 日

收款人	全　　称	富丽实业有限公司	付款人	全　　称	太钢不锈股份										
	账号或地址	21000307005469 05868		账号或地址	570003520076870011										
	开户银行	工行证券公司办事处		开户银行	工行春光路办事处										

				千	百	十	万	千	百	十	元	角	分
人民币（大写）：叁佰元整									¥ 3	0	0	0	0

票据种类	转账支票
票据张数	1

收款人开户银行盖章

单位主管　　会计　　复核　　记账

图 14-49　银行进账单

25. 12 日，公司用银行存款支付本月电费 15 000 元及增值税 2 550 元。其中生产甲产品耗用 5 000 元，生产乙产品耗用 6 000 元，生产车间照明耗用 2 500 元，行政管理部门耗用 1 500 元。相关资料如图 14-50、表 14-10、图 14-51 所示。

```
中国工商银行转账支票存根
    支票号码：01447373

科目
对方科目
出票    2009 年 12 月 12 日
日期
收款人：福安市电力公司

金额：    ￥17 550.00

用途：    支付电费

单位
主管    刘丽霞    会计
```

图 14-50　银行转账支票存根

电费分配表

表 14-10　　　　　　　　　2009 年 12 月 31 日　　　　　　　　　单位：元

车间、部门		应分配金额	备注
生产车间用电	甲产品负担	5 000	
	乙产品负担	6 000	
车间照明用电		2 500	
行政管理部门用电		1 500	
合计		15 000	

审　核：刘丽霞　　　　　　会　计：　　　　　　　　制　单：赵梅

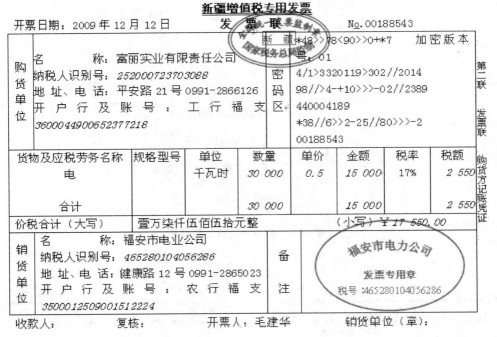

图 14-51 增值税专用发票

26. 13 日，公司用银行存款支付本月水费 5 000 元及增值税 650 元。其中生产甲产品耗用 2 000 元，生产乙产品耗用 1 500 元，生产车间耗用 1 000 元，行政管理部门耗用 500 元。相关资料如图 14-52、图 14-53、表 14-11 所示。

图 14-52 增值税专用发票

中国工商银行转账支票存根
支票号码: 01447374

科目

对方科目

出票
日期　2009 年 12 月 13 日

收款人: **福安市自来水公司**

金额: ￥5 650.00

用途: **支付水费**

单位
主管　**刘丽霞**　会计

图 14 - 53　银行转账支票存根

水费分配表

表 14 - 11　　　　　　　　　2009 年 12 月 31 日　　　　　　　　单位: 元

车间、部门		应分配金额	备注
生产车间用水	甲产品负担	2 000	
	乙产品负担	1 500	
车间公共用水		1 000	
行政管理部门用水		500	
合计		5 000	

审　核: 刘丽霞　　　　　会　计:　　　　　　　　制　单: 赵梅

27. 13 日，张小红出差回来，报销差旅费 2 200 元，退回现金 800 元。相关资料如图 14 - 54、图 14 - 55 所示。

差 旅 费 报 销 单

报销部门: 办公室　　　　　　　2009 年 12 月 13 日

姓名	张小红		职务	办公室主任	出差事由		业务培训		
出差起止日期自 2009 年 12 月 2 日起至 2009 年 12 月 10 日共 9 天							附单据 10 张		

日 期		起讫地点	差旅补助			交通费	住宿费	会务费	其他	小计
月	日		天数	标准	金额					
12	2	乌市---北京	6	30	180	1320	260	350		
12	8	北京---乌市	3	30	90					
		合　计								

合计人民币（大写）贰仟贰佰元整

预领金额: 3 000 元	交（退）回金额 800 元	应补付金额　　元

单位负责人: 李宏伟　　　会计主管: 刘丽霞　　　部门主管: 赵江　　　报销人: 张小红

图 14 - 54　差旅费报销单

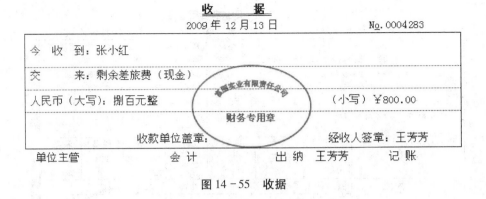

图14-55 收据

28. 13日，公司将现金800元送存银行。资料如图14-56所示。

中国工商银行现金存款凭条（柜面交款专用）
2009年12月13日

存款人	全称	富丽实业有限责任公司		款项来源	预借差费剩余款
	账号	3600044900652377218		交款人	富丽实业有限责任公司
	开户行	福安市工行平安路分理处			

金额大写（币种）人民币捌佰元整

	百	十	万	千	百	十	元	角	分
					¥	8	0	0	0	0

票面	张数	金额	票面	张数	金额
100元	3	300	5角		
50元	7	350	2角		
20元	5	100	1角		
10元	5	50	5分		
5元			2分		
2元			1分		
1元					

中国工商银行
福安市平安支行
现金收讫

复核： 收款员：

会计： 复核： 记账：

此联由银行盖章后退回单位

图14-56 银行现金存款凭条

29. 13日，公司从向阳工厂购进B材料2 000千克，每千克60元，计120 000元，增值税为20 400元（已预付100 000元）。材料已验收入库，开出转账支票一张，补付余款40 400万元。相关资料如图14-57、图14-58、图14-59所示。

图 14-57 增值税专用发票

图 14-58 收料单

图 14-59 银行转账支票存根

30. 14 日，公司通过福安市政府向农村义务教育捐款 50 000 元。相关资料如图 14-60、图 14-61 所示。

新疆维吾尔自治区行政事业单位收款收据

交款单位（个人）：富丽实业有限责任公司　　2009 年 12 月 14 日　　No.0843456

今　收　到：富丽实业有限责任公司　　系付农村义务教育捐款

人民币（大写）伍万元整　　¥50 000.00

收款单位公章：　财务专用章　　会　计：　　经收人：王万州

第二联　收据

图 14－60　行政事业单位收款收据

中国工商银行转账支票存根
支票号码：01447376

科目

对方科目

出票日期 2009 年 12 月 14 日

收款人：福安市人民政府

金额：¥50 000.00

用途：农村义务教育捐款

单位主管 刘丽霞　会计

图 14－61　银行转账支票存根

31．14 日，公司为生产甲产品领用 A 材料 7 000 千克，B 材料 3 000 千克，C 材料 800 千克。公司为生产乙产品领用 B 材料 5 000 千克，C 材料 3 600 千克，D 材料 10 000 千克。A、B、C、D 材料单位成本分别为 20 元、60 元、50 元、15 元。相关资料如图 14－62、图 14－63 所示。

领 料 单

领用单位：生产车间　　2009 年 12 月 14 日　　凭证编号：086

用　　途：生产甲产品　　发料仓库：2 号

材料编号	材料名称	规　格	计量单位	数量 请领	数量 实发	单　价	金　额
003	A 材料	PU	千克	7 000	7 000	20	140 000
004	B 材料	FJ	千克	3 000	3 000	60	180 000
005	C 材料	HE	千克	800	800	50	40 000
合　计		叁拾陆万元整					360 000
备　注						附单据 2 张	

第二联 送会计部门

领料人：张兵　　发料人：乔卫国　　领料部门负责人：赵小刚

图 14－62　领料单

领 料 单

领用单位：生产车间　　　　　　2009 年 12 月 14 日　　　　　　凭证编号：087

用　途：生产乙产品　　　　　　　　　　　　　　　　　　　　发料仓库：2 号

材料编号	材料名称	规　格	计量单位	数量 请领	数量 实发	单　价	金　额
004	B 材料	FJ	千克	5 000	5 000	60	300 000
005	C 材料	HE	千克	3 000	3 600	50	180 000
006	D 材料	UK	千克	10 000	10 000	15	150 000
合　计	陆拾叁万元整						630 000
备　注						附单据 2 张	

领料人：张兵　　　　　发料人：乔卫国　　　　　　　领料部门负责人：赵小刚

图 14 - 63　领料单

32. 15 日，支付工商行政管理局的行政罚款 30 000 元。资料如图 14 - 64 所示。

新疆省非税收入一般缴款书（收 据）4　　No920191541X

填制日期：2009 年 12 月 15 日　　　　　执收单位名称：福安市工商行政管理局

付款人	全　称	富丽实业有限责任公司	收款人	全　称	福安市财政局
	账　号	36000449006523772218		账　号	市中行北京中路分理处
	开户银行	福安市工行平安路分理处		开户银行	368536740248091001
币　种：人民币	金　额（大写）叁万元整			（小写）￥30 000.00	

项目编码	项 目 名 称	单位	数量	标　准	金　额
520345	商标侵权	元	1	1 万至 10 万	30 000.00
执收单位（盖章）			备注：		
经办人（签章）蒋秀红					

图 14 - 64　非税收入一般缴款书（收据）

33. 16 日，公司签发现金支票，从银行提取现金 2 000 元备用。

中国工商银行现金支票存根

支票号码：01447451

科目

对方科目

出票日期　2009 年 12 月 16 日

收款人：本单位

金额：　￥2 000.00

用途：备用金

单位主管　刘丽霞　会计

图 14 - 65　银行现金支票存根

34. 17 日，公司以现金购买办公用品 800 元。资料如图 14-66 所示。

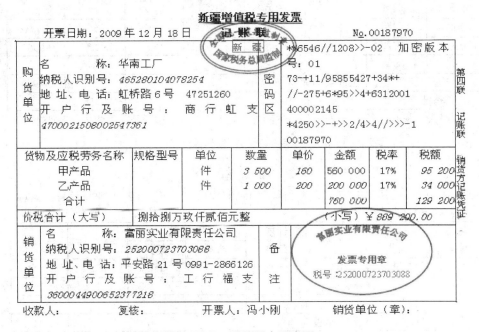

图 14-66　商业企业统一发票

35. 18 日，公司向华南工厂销售甲产品 3 500 件，单价为 160 元，计 560 000 元；乙产品 1 000 件，单价为 200 元，计 200 000 元。增值税为 129 200 元。产品已发出，货款尚未收到。资料如图 14-67 所示。

图 14-67　增值税专用发票

36. 20 日，生产车间领用 C 材料 200 千克，D 材料 588 千克；公司管理部门领用 C 材料 100 千克，D 材料 60 千克；销售部门领用 C 材料 100 千克。C、D 材料的单位成本分别为 50 元、15 元。相关资料如图 14-68、图 14-69、图 14-70 所示。

领 料 单

领用单位：生产车间　　　　2009 年 12 月 20 日　　　　凭证编号：088

用　　途：车间耗用　　　　　　　　　　　　　　　　发料仓库：2 号

材料编号	材料名称	规　格	计量单位	数　量		单　价	金　额
				请领	实发		
005	C 材料	HE	千克	200	200	50	10 000
006	D 材料	UK	千克	588	588	15	8 820
合　计		壹万捌仟捌佰贰拾元整					18 820
备注						附单据 2 张	

领料人：张兵　　　　　　发料人：乔卫国　　　　　　领料部门负责人：赵小刚

图 14-68　领料单

领 料 单

领用单位：公司管理部门　　2009 年 12 月 20 日　　　　凭证编号：089

用　　途：管理用　　　　　　　　　　　　　　　　　发料仓库：2 号

材料编号	材料名称	规　格	计量单位	数　量		单　价	金　额
				请领	实发		
005	C 材料	HE	千克	100	100	50	5 000
006	D 材料	UK	千克	60	60	15	900
合　计		伍仟玖佰元整					5 900
备注						附单据 2 张	

领料人：张兵　　　　　　发料人：乔卫国　　　　　　领料部门负责人：赵小刚

图 14-69　领料单

领 料 单

领用单位：公司销售部门　　2009 年 12 月 20 日　　　　凭证编号：090

用　　途：办公用　　　　　　　　　　　　　　　　　发料仓库：2 号

材料编号	材料名称	规　格	计量单位	数　量		单　价	金　额
				请领	实发		
005	C 材料	HE	千克	100	100	50	5 000
合　计		伍仟元整					5 000
备注						附单据 2 张	

领料人：张兵　　　　　　发料人：乔卫国　　　　　　领料部门负责人：赵小刚

图 14-70　领料单

37. 21 日，公司以银行存款偿还到期的短期借款 100 000 元，利息 2 500 元（前期未提利息）。相关资料如图 14-71、图 14-72、图 14-73 所示。

中国工商银行转账支票存根

支票号码: 01447377

科目

对方科目

出票
日期　2009 年 12 月 21 日

收款人: 　工行福安市平安支行

金额: 　￥100 000.00

用途: 　归还短期借款

单位
主管　刘丽霞　　会计

图 14 - 71　银行转账支票存根

中国工商银行　特种转账贷方凭证

2009 年 12 月 21 日

银行打印	交易序号 41　交易代码 02234　工作日期 2009-12-20　工作时间 11:18:21　币种人民币
	借方账号　　9558803004100553402　户名　富丽实业有限责任公司
	贷方账号　　3600044900652377218　户名　富丽实业有限责任公司
	金额 100 000.00
	转账归还到期贷款　借款合同号 00448

	业务类型	转账					中国工商银行								
借方	户　名	富丽实业有限责任公司		贷方	户　名	富丽实业有限责任公司									
	账　号	9558803004110553402			账　号	3600044900652377218									
	开户银行	工行平支	行号		开户银行	工行平支		行号							
金额	币　种（大写）人民币壹拾万元整				亿	千	佰	十	万	千	百	十	元	角	分
								￥	1	0	0	0	0	0	0 0

转账原因:

归还贷款（借款合同 00448 号）

审　核: 　　　　　复　核: 　　　　　制　证:

图 14 - 72　银行特种转账贷方凭证

中国工商银行　利息转账专用传票

科目:		2009 年 12 月 21 日			No:0047386	

收入利息单位	单位名称	工行福安市平安支行	支付利息单位	单位名称	富丽实业有限责任公司	
	账　号	4700321462447284321		账　号	3600044900652377218	
利息金额	人民币（大写）贰仟伍佰元整				千 百 十 万 千 百 十 元 角 元	￥ 2 5 0 0 0 0
计息存、贷款户账号	4700321432436581364		中国工商银行		上列利息金额已从贵单位	
计算利息起讫时间	2009 年 6 月 22 日起 2009 年 12 月 21 日止		福安市平安支行 转讫		结算账付划转。	
计息积数	￥100 000.00　年利率 5%					
备注: 短期借款利息					开户银行盖章	

单位主管: 　　　　会　计: 　　　　记　账:

图 14 - 73　银行利息转账专用传票

第一联　放款息代支款通知

38. 22 日，公司收到华南工厂本月 18 日购买甲产品的购货款 889 200 元。资料如图 14 - 74 所示。

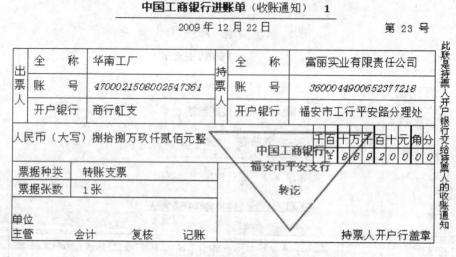

图 14 - 74　银行进账单

39. 23 日，公司接证券营业部收账通知，收到梅林股份发放的库存现金股利 5 000 元，此款已转入证券公司资金专户。资料如图 14 - 75 所示。

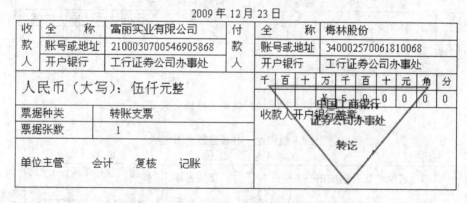

图 14 - 75　银行进账单

40. 24 日，公司以现金报销行政管理部门招待费 455 元。资料如图 14 - 76 所示。

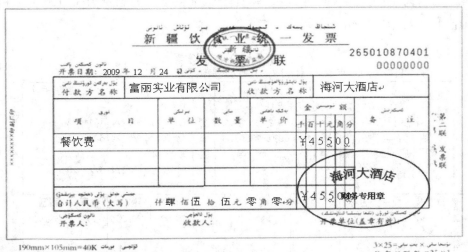

图 14-76 饮食业统一发票

41. 25 日，公司支付本月电话费 540 元。相关资料如图 14-77、图 14-78 所示。

新疆电信有限公司专用收据

收款日期 2009 年 12 月 25 日   No: 乙 09296019

客户名称	富丽实业有限责任公司			预 存 款	
合同号	6000000239431	业务号码	0991-2866126	上次结存	0.00
缴款内容	2009/11/01----2009/11/30			本次结余	0.00
上次余零	0.00	本次应付	￥540.00	本次余零	0.00
收款项目	月租 25.00 市话区内费 205.00 国内长途 260.00 互联网 50.00 发票专用章 税号：410046125225558				
实收金额	(大写)伍佰肆拾元整			￥540.00	

收款员：张小倩   收款日期：2009/12/25

图 14-77 电信有限公司专用收据

中国工商银行转账支票存根
支票号码：01447378

科目
对方科目
出票日期 2009 年 12 月 25 日
收款人： 中国电信福安中心局
金额： ￥540.00
用途： 支付电话费
单位主管 刘丽霞 会计

图 14-78 银行转账支票存根

42. 25 日，公司接受东海公司捐赠的自产设备一套，发票价为 35 100 元。相关资料如图 14-79、图 14-8 所示。

图 14-79 增值税专用发票

固定资产验收交接单   No.0001236

2009 年 12 月 25 日   金额：元

资产名称	规格	计量单位	数量	单价或工程造价	安装费用	其他费用	合计	已提折旧
设备	F-4	台	1				35 100	
资产来源	受赠	制造厂名	昌华机电	使用年限	10 年	估计残值	35 100	

合计人民币（大写）叁万元伍仟壹佰无整	（小写）￥35 100.00

验收人：刘静   接管人：赵红斌   主管：   会计：

图 14-80 固定资产验收交接单

43. 30 日，公司在月末财产清查时，发现 A 材料盘亏 750 千克，计 1 500 元；B 材料盘盈 20 千克，计 1 200 元。待批准处理（暂不考虑增值税的进项转出）。资料如图 14-81 所示。

财产盘点报告单

单位名称：2号仓库　　　　　　2009 年 12 月 30 日　　　　　　单位：元

财产名称	计量单位	实存	账存	单价	盘盈		盘亏		原因
					数量	金额	数量	金额	
A材料	千克	750	1 500	20			750	1 500	待查
B材料	千克	520	500	60	20	1 200			待查
合计					20	1 200	750	1 500	

仓库保管员：乔卫国　　　　　　　　　　　　　　　　盘点人：杨旭东

图 14 - 81　财产盘点报告单

44. 31 日，公司分配本月工资，其中生产甲产品工人工资 30 000 元，生产乙产品工人工资 20 000 元，车间管理人员工资 5 000 元，公司行政管理人员工资 16 000 元，销售人员工资 14 000 元。资料如表 14 - 12 所示。

工资费用分配表

表 14 - 12　　　　　　　　　　2009 年 12 月 31 日　　　　　　单位：元

车间、部门		应分配金额	备注
生产车间工人工资	甲产品负担	30 000	
	乙产品负担	20 000	
车间管理人员工资		5 000	
行政管理人员工资		16 000	
销售部门人员工资		14 000	
合计		85 000	

审　核：刘丽霞　　　　　会　计：　　　　　　制　单：赵梅

45. 31 日，公司按规定计提本月固定资产折旧费 50 000 元，其中车间 30 000 元，公司行政管理 15 000 元，销售部门 5 000 元。资料如表 14 - 13 所示。

固定资产折旧计算表

表 14 - 13　　　　　　　　2009 年 12 月 31 日　　　　　　单位：元

车间、部门	生产用固定资产			非生产用固定资产			合计	
	原值	折旧率	折旧额	原值	折旧率	折旧额	原值	折旧额
生产车间	5 000 000	0.6%	30 000				5 000 000	30 000
销售部门				958 000	0.522%	5 000	958 000	5 000
行政管理部门				1 916 000	0.522%	15 000	1 916 000	15 000
合计	5 000 000	0.6%	30 000	2 874 000	0.522%	20 000	7 874 000	50 000

审　核：刘丽霞　　　　　会　计：　　　　　　制　单：赵梅

46. 31 日，公司经审查盘亏的甲材料因自然损耗 500 元，非正常损失 800 元，保管人员过失造成的损失 200 元，经批准，按规定处理。盘盈乙材料由本企业转销。

关于财产盘盈盘亏的处理意见

我公司月末盘点发现盘盈乙材料 20 千克，计 1200 元，经查属于自然升值，由本企业转销；A 材料盘亏 750 千克，计 1500 元，经查因自然损耗 500 元，非正常损失 800 元，因保管人员过失造成的损失 200 元，原因已查明，请财务部门按会计制度进行处理。

富丽实业有限责任公司

2009 年 12 月 31 日

图 14-82　处理意见

47. 31 日，公司将本月发生的制造费用按生产工人工资比例分配转入甲、乙产品制造成本。相关资料如表 14-14、表 14-15 所示。

表 14-14

制造费用汇总表　　　　　　　　　　　单位：元

年		凭证编号	摘　要	项　目							合计
月	日			工资	折旧费	修理费	机物料	水电费	办公费	其他	
			本月合计								

制造费用分配表

表 14-15　　　　　　　　　　2009 年 12 月 31 日　　　　　　　　单位：元

产品名称	分配标准 （生产工人工资）	分配率	分配金额
甲产品	30 000		
乙产品	20 000		
合　计	50 000		

审　核：刘丽霞　　　　　　会　计：　　　　　　制　单：

48. 31 日，本月投产的甲产品 4 000 件，乙产品 5 000 件，月末全部完工入库，结转生产成本。相关资料如表 14-16、图 14-83 所示。

产品成本计算表

表 14 - 16　　　　　　　　　　2009 年 12 月 31 日　　　　　　　　　单位：元

成本项目	甲产品（4 000 件）		乙产品（5 000 件）	
	总成本	单位成本	总成本	单位成本
直接材料				
直接人工				
制造费用				
合　计				

审　核：刘丽霞　　　　　　　　会　计：　　　　　　　　制　单：

产成品入库单

交库单位：生产车间　　　　　　2009 年 12 月 31 日　　　　　　　　单位：元

产品名称	规格与型号	单位	交付数量	检验结果		实收数量	单位成本	金额	备注
				合格	不合格				
甲产品	F—5	件	4 000	合格		4 000			
乙产品	U—3	件	5 000	合格		5 000			
合　计									

送验人员：　　　　　　　　检验人员：王旭东　　　　　仓库经收人：乔卫国

图 14 - 83　产成品入库单

49. 31 日，公司按上月月末单价计算结转本月已售产品的销售成本。相关资料如图 14 - 84、图 14 - 85、图 14 - 86、表 14 - 17 所示。

产成品出库单

No：00162

2009 年 12 月 4 日　　　　　　　　　单位：元

产品名称	单位	数量	单位成本	金额	用途或原因
甲产品	件	1 000	110	110 000	销售
合　计		1 000	110	110 000	

部门主管：张红艳　　　　　　保管：乔卫国　　　　　经手人：庞慧民

图 14 - 84　产成品出库单

产成品出库单

No：00163

2009 年 12 月 11 日　　　　　　　　单位：元

产品名称	单位	数量	单位成本	金额	用途或原因
甲产品	件	3 500	110	275 000	销售
乙产品	件	500	140	70 000	销售
合　计				345 000	

部门主管：张红艳　　　　　　保管：乔卫国　　　　　经手人：庞慧民

图 14 - 85　产成品出库单

产成品出库单
No: 00164

2009 年 12 月 18 日 单位：元

产品名称	单位	数量	单位成本	金额	用途或原因
甲产品	件	3 500	110	385 000	销售
乙产品	件	1 000	140	140 000	销售
合　计				525 000	

部门主管：张红艳 保管：乔卫国 经手人：庞慧民

图 14 - 86 产成品出库单

产品销售成本汇总计算表

表 14 - 17 2009 年 12 月 31 日 单位：元

产品名称	单位	销售数量	单位成本	总销售成本	备注
甲产品	件		110		
乙产品	件		140		
合　计					

审 核：刘丽霞 会　计： 制　单：

附件 3 张

50. 31 日，公司按本月产品应交纳的增值税，分别按 7% 和 3% 计算产品应交纳的城市维护建设税及教育费附加。资料如表 14 - 18 所示。

城市维护建设税及教育费附加计算表

表 14 - 18 2009 年 12 月 31 日 单位：元

计税依据	城市维护建设税		教育费附加	
	税率	金额	税率	金额
	7%		3%	
合　计				

审 核：刘丽霞 会　计： 制　单：

51. 31 日，公司结转本月已销售 A 材料的成本 10 000 元。相关资料如表 14 - 19、图 14 - 87 所示。

材料销售成本计算表

表 14 - 19 2009 年 12 月 31 日 单位：元

材料名称	单位	销售数量	单位成本	总销售成本	备注
A 材料	千克	500	20	10 000	销售
合　计				10 000	

审 核：刘丽霞 会　计： 制　单：

领 料 单

领用单位：销售部　　　　　　2009 年 12 月 11 日　　　　　　凭证编号：090

用　　途：销售　　　　　　　　　　　　　　　　　　　　　　发料仓库：2 号

材料编号	材料名称	规　格	计量单位	数　量		单　价	金　额
				请领	实发		
003	A 材料	PU	千克	500	500	20	10 000
合　计		壹万元整					10 000
备注		剩余材料用于对外销售				附单据 1 张	

领料人：李建新　　　　　　发料人：乔卫国　　　　　　销售部门负责人：唐国强

图 14 - 87　领料单

52. 31 日，公司结转有关损益类账户，计算本月实现利润总额。资料如表 14 - 20 所示。

12 月份损益类账户资料表

表 14 - 20　　　　　　　　　　2009 年 12 月 31 日　　　　　　　　　　单位：元

收入类账户	发生额	支出类账户	发生额
主营业务收入		主营业务成本	
投资收益		营业税金及附加	
其他业务收入		管理费用	
营业外收入		销售费用	
		财务费用	
		其他业务收入	
		营业外支出	
合　计		合　计	
12 月份利润总额			

审　核：丁　强　　　　　　会　计：　　　　　　制　单：

53. 31 日，公司计算并结转本月所得税，税率为 25%（假设无纳税调整事项）。相关资料如表 14 -21、图 14 -88 所示。

12 月份所得税计算表

表 14 -21　　　　　　　　　　2009 年 12 月 31 日　　　　　　　　　　单位：元

项　目	计算依据	税　率	税　额	备注
应交所得税		25%		假设不考虑纳税调整事项
合计				

审　核：刘丽霞　　　　　　会　计：　　　　　　制　单：

所得税结转单

2009 年 12 月 31 日   单位：元

项 目	科 目	金 额
应借科目		
应贷科目		

审　核：刘丽霞   会　计：   制　单：

图 14 - 88 　所得税结转单

54. 31 日，公司结转本年实现的净利润。资料如表 14 - 22 所示。

本年利润结转资料表

表 14 - 22   2009 年 12 月 31 日   单位：元

项 目	金 额	应借科目	应贷科目	金 额
期初本年利润				
加：12 月份净利润				
全年净利润				

审　核：刘丽霞   会　计：   制　单：

55. 31 日，公司按全年实现净利润的 10% 提取法定公积金。资料如表 14 - 23 所示。

盈余公积计算表

表 14 - 23   2009 年 12 月 31 日   单位：元

项 目	计提比例	金 额	应借科目	应贷科目
全年净利润总额	---			
法定盈余公积	10%			

审　核：刘丽霞   会　计：   制　单：

56. 31 日，公司按税后利润的 30% 计算应付投资者利润。资料如表 14 - 24 所示。

应付投资者利润计算表

表 14 - 24   2009 年 12 月 31 日   单位：元

项 目	计提比例	金 额	应借科目	应贷科目
全年净利润总额	---			
应付投资者利润	30%			
备注	实际工作中，应付利润应按各投资者设明细，本题中暂不考虑明细。			

审　核：刘丽霞   会　计：   制　单：

57. 31 日，公司将"利润分配"各明细账户余额结转至"利润分配——未分配利润"账户。资料如图 14 – 89 所示。

利润分配各明细账户结转单

2009 年 12 月 31 日 单位：元

项目	科 目	金 额
应借科目		
应贷科目		

审 核：刘丽霞 会 计： 制 单：

图 14 – 89 利润分配各明细账户结转单

二、实训要求

1. 记账凭证编制全面、正确、规范，与所依据的原始凭证相符。制证、审核等有关人员签名或盖章。

2. 各种账簿的设置与登记完整、正确、规范。

3. 资产负债表、利润表、现金流量表各项目填写齐全，金额正确，资产负债表、利润表和现金流量表相关项目的钩稽关系正确。

三、实训用表（用具）

1. 通用记账凭证 80 张（含备用），会计凭证封面 1 张。

2. 科目汇总表、资产负债表、利润表、现金流量表各 1 张。

3. 总分类账簿、二栏式明细分类账簿各 1 本，库存现金日记账、银行存款日记账各 2 页，数量金额式、多栏式明细账各 10 页。

四、实训组织

1. 开设总账。根据富丽实业有限责任公司 2009 年 12 月初的各账户余额和 12 月份编制的科目汇总表，记入期初余额和本期发生额，月末办理结账手续。

2. 开设库存现金和银行存款日记账。根据富丽实业有限责任公司 2009 年 12 月初的账户余额和 12 月份编制的记账凭证，记入期初余额和本期发生额，月末办理结账手续。

3. 开设三栏式明细账。根据富丽实业有限责任公司 2009 年 12 月初的三栏式各账户余额和 12 月份编制的记账凭证，记入期初余额和本期发生额，月末办理结账手续。

4. 开设数量金额式明细账。根据富丽实业有限责任公司 2009 年 12 月初的数量金额式各账户余额和 12 月份编制的记账凭证，记入期初余额和本期发生额，月末办理结账手续。

5. 开设多栏式明细账。根据富丽实业有限责任公司 2009 年 12 月初的多栏式各账户余额和 12 月份编制的记账凭证，记入期初余额和本期发生额，月末办理结账手续。

6. 根据 12 月份发生的经济业务的要求，根据原始凭证编制记账凭证。

7. 根据记账凭证编制科目汇总表。

8. 年终总账、日记账和各明细账进行对账。

9. 根据总账和各明细账编制会计报表，包括资产负债表、利润表、现金流量表。

10. 装订会计凭证。

图书在版编目(CIP)数据

中级财务会计案例与实训教程/彭萍主编.—成都:西南财经大学出版社,2011.6
ISBN 978-7-5504-0300-0

Ⅰ.①中… Ⅱ.①彭… Ⅲ.①财务会计—高等学校—教学参考资料
Ⅳ.①F234.4

中国版本图书馆 CIP 数据核字(2011)第 100431 号

中级财务会计案例与实训教程

主 编:彭 萍

责任编辑:孙 婧
助理编辑:李 婧
封面设计:墨创文化
责任印制:封俊川

出版发行	西南财经大学出版社(四川省成都市光华村街55号)
网　　址	http://www.bookcj.com
电子邮件	bookcj@foxmail.com
邮政编码	610074
电　　话	028-87353785　87352368
印　　刷	四川森林印务有限责任公司
成品尺寸	185mm×260mm
印　　张	15
字　　数	350 千字
版　　次	2011 年 7 月第 1 版
印　　次	2011 年 7 月第 1 次印刷
印　　数	1—3000 册
书　　号	ISBN 978-7-5504-0300-0
定　　价	29.80 元